금융부패 주모자들

SHIHONSHUGIHOUKAI NO SHUBOUSHADACHI
by
TAKASHI HIROSE
Copyright ⓒ 2009 by TAKASHI HIROSE
All rights reserved.
Original Japanese edition published by SHUEISHA Inc.
Korean translation rights arranged with TAKASHI HIROSE. Tokyo, Japan
through DOROTHY LITERARY AGENCY, Seoul.
Korean translation rights ⓒ Prometheus Publishers

이 책의 한국어판 저작권은 도로시 에이전트의 도움을 받아
저자인 히로세 다카시와의 독점계약으로 프로메테우스출판사에 있습니다.
저작권법에 의해 한국 내에서 보호를 받는 저작물이므로
이 책의 내용을 사용하고자 할 때에는 반드시 출판사와 저작권자의 허락을 받아야 합니다.

히로세 다카시 특강

금융부패 주모자들

허 강 옮김

프로메테우스출판사

옮긴이 허강 許江

서울에서 태어나 서강대학교 사학과를 졸업하고 동 대학원에서 석사 학위를 받았으며, 중국 베이징 영화학교에서 공부했다. 출판사에서 편집과 기획 일을 해왔고, 지금은 번역가로 활동하면서 단행본 기획 및 저술 작업도 병행하고 있다. 옮긴 책으로《해적왕 정성공》《숫자의 법칙》《단위 이야기》《끝나야 끝난다》등이 있으며, 발표한 글로《역사, 그 드라마적 재연과 정서적 진실의 변주 – 제5공화국의 경우》가 있다.

금융부패 주모자들

1판1쇄 인쇄 2017년 11월 25일
1판1쇄 발행 2017년 11월 29일

펴낸이 _ 신중일
펴낸곳 _ 프로메테우스출판사
등록번호 _ 제2003-000153호
주소 _ 서울 마포구 잔다리로 35 서운빌딩 301호
전화 _ 3142-1012   팩스 _ 3142-1013
E-mail _ prometheus-pub@hanmail.net
ISBN 978-89-91503-22-9 03300

■ 일러두기
이 책에 언급된 〈뉴욕타임스〉의 만평은 수록시 저작권 침해 소지가 있어 부득이 웹사이트 주소를 인용 표기하는 것으로 대체했습니다.

한국출판문화산업진흥원의 출판콘텐츠 창작자금을 지원받아 제작되었습니다.

| 추천의 글 |

수탈적 금융자본주의,
그 본질을 파헤친 책

몇 해 전, 자본주의의 심장부 뉴욕에서 "월가를 점령하라!"는 구호와 함께 대대적인 시위가 벌어졌습니다.

이 시위는 그야말로 1%에 저항하는 99%들의 투쟁으로 신자유주의적 금융자본주의가 더 이상 유지될 수 없음을 여실히 보여주었습니다. 그 후 월가 점령시위는 세계로 번져 나갔고, 서울을 비롯해 전세계 1,507개 도시에서 국제공동행동을 벌이며 그 열기와 연대의 마음을 함께 나눴습니다.

한국의 금융피해자들은 한국거래소와 금융감독원을 중심으로 매주 여의도 점령시위를 진행했습니다. 신자유주의 금융세계화가 확산되면서 전통적 산업자본주의 체제의 착취 때문에 생기는 것보다 더 심각한 문제들이 발생하고 있기 때문입니다. 그리고 금융피해자들은 자신들이 처한 현실이 게으름이나 투자실패가 아니라 금융자본의 수탈과 그를 가능하게 하는 구조적 문제에서 발생했다고 인식하기 시작했습니다. 그래서 금융자본은 물론이고 그들과 결탁한 정치권력에 맞서 투쟁을 벌였던 것입니다.

그즈음 일본에서 출간된 히로세 다카시의 《금융부패 주모자들》은 수탈적 금융자본주의의 본질을 예리하게 파헤친 훌륭한 책이라 할 수 있습니다. 저자는 끊임없이 반복되는 자본주의 경기변동과 경제위기 내면에는 반드시 국제적인 금융부패가 도사리고 있다고 지적하고 있습니다.

특히 2008년 미국발 금융공황이 전 지구적 경제위기로 확산될 수밖에 없는 배후와 내막을 흥미롭게 파헤칩니다. 자본주의 초기 산업혁명 시기에 프랑크푸르트 유대인 게토에서 등장한 환전상 로스차일드 가문 5형제가 구축했던 전세계 금융재벌의 역사와 지배구조가 이면에 도사리고 있다는 것입니다. 그리고 오늘날 경제위기는 그들과 연결된 금융회사의 부패가 주원인이며 그 결과 금융시스템을 넘어 230년 역사의 미국 자본주의 대붕괴로까지 이어

질 수 있다고 전망합니다.

　서브프라임론 사태가 방아쇠가 되어 리먼브라더스가 파산하고 은행, 증권, 보험, 부동산, 자동차 등 주요 산업분야에서 붕괴 직전에 놓이게 된 미국 경제는 오바마 정권이 국민의 주머니를 털어 마련한 공적자금을 투입하며 연명하고 있습니다. 미국 경제와 밀접하게 맞물려 돌아가는 자본주의 세계 경제 역시 거친 숨소리를 내고 있습니다.

　이 책은 이런 파국적 상태의 금융과 경제위기 상황을 초래한 원인을 구체적인 사례를 통해 생생하게 밝히고 있습니다. 또한 그런 상황을 초래한 주범인 국제 금융마피아들에 대해 상세한 계보를 제시하며 그 책임을 규명하고 있습니다. 이를테면 회계부정으로 부를 쌓는 금융재벌들의 범죄, 원유 및 곡물가격 폭등과 금융부패의 상관관계, 은행과 증권회사의 경계를 무너뜨리며 파국적 상황을 재촉했던 인물과 기관들을 또렷이 지적하고 있습니다.

　나아가 미국의 재무장관을 지낸 로버트 루빈과 로렌스 시머스, 미연방준비제도이사회 의장을 지낸 폴 볼커와 그린스펀, 세계은행 총재 제임스 올펜손, 조지 소로스 등 국제 금융계의 거물들이 모두 로스차일드 가의 인맥과 교묘하게 결합되어 있음은 물론이고 그들에 의해 만들어지는 금융자본주의 수탈체제가 빈부격차를 회복 불가능한 지경으로 확대시키고 있음을 폭로하고 있습니다.

한국의 상황도 크게 다르지 않습니다.

1997년 말 IMF 외환위기가 발생한 이후 진행된 신자유주의 정책과 금융세계화는 우리 사회와 경제 전반에 걸쳐 커다란 변화를 가져왔습니다. 세계 최고의 저축률을 자랑했던 사람들이 그때부터 너도나도 할 것 없이 부동산, 주식, 펀드 등을 통한 투자의 길(어떤 면에서는 누군가가 깔아둔 투기판이라 불러도 무방한)로 치달았습니다. 무엇이 사람들을 그 길로 유인했을까요?

그 결과 영세 자영업자를 포함한 가계부채는 1,000조 원을 넘어섰고 그 이자만도 연 60조 원에 이르게 됐습니다. 그런 가운데서도 여의도 한국거래소에서는 여전히 우리나라 정부예산의 100배 규모인 3경 원이 넘는 파생금융상품이 거래되고 있으며, 수많은 사람들이 끊임없이 투기의 장으로 내몰리고 있습니다.

간단히 말해, 한국의 금융 현실도 히로세 다카시가 쉽고 명쾌하게 분석한 내용의 축소판이라 할 수 있습니다. 미국을 중심으로 하는 국제 금융마피아가 전세계 민중들을 수탈하나면, 한국에서는 금융모피아라고 불리는 자들이 그들과 이미 한통속이 되어 있을지도 모릅니다. 그런 의미에서 이 책은 금융자본의 수탈에 저항하고 있는 한국 민중들에게 귀중한 교훈과 시사점을 주고 있다하겠습니다.

  부디 이 책과 함께하는 시간이 독자 여러분에게 뜻깊은 한때가 되기를 바랍니다.

투기자본감시센터 전 공동대표

허영구

| 차례 |

추천의 글

여는 글

1장
자작극의 가면무도회

리먼브라더스는 왜 파산했는가
25

원유가격과 곡물가격은 왜 폭등했는가
40

선물거래소는 어떻게 부패했는가
50

서브프라임론은 무엇이 문제였는가
59

빅3는 왜 경영위기에 빠졌는가
64

구제금융은 어떻게 진행되었나
72

리먼브라더스는 어떻게 부패했는가
83

무엇이 투기열풍을 조장했는가
92

2장
수수께끼의 인맥 사슬

로버트 루빈과 로렌스 서머스
107

시티그룹과 투자은행들
116

앨런 그린스펀과 날강도 클럽
121

오바마를 포위한 자들
130

WTO와 국제 금융마피아
143

헤지펀드는 모든 것을 알고 있다
170

맺는 글

| 여는 글 |

 미국이 1776년 7월 4일 독립을 선포한 이래 234주년이 되는 해인 2009년 1월 20일, 사상 최초로 흑인인 버락 후세인 오바마 주니어가 제44대 대통령에 취임했습니다.
 오바마의 중간이름 후세인은 그의 아버지가 아프리카 케냐 출신의 이슬람교도였던 까닭에 붙은 이름이지만, 정작 그 자신은 프로테스탄트 크리스천입니다. 또 흑인의 외모만 부각되었지만, 어머니가 유럽계 백인 출신이었기에 오바마는 혼혈 태생입니다. 더욱이 그는 하와이에서 출생하고 인도네시아에서 교육받았기 때문에 아시아, 아프리카, 유럽, 아메리카, 이슬람, 크리스천, 흑인, 백인의 요소를 골고루 가지고 있는, 그야말로 '국제적'이란 표현이 더없이 어울리는 대통령입니다. 그러나······.

위싱턴에서 대통령 취임식이 거행되던 날, 사람들은 흑인 대통령 탄생에 의한 평등사회의 출발을 마음껏 축하하고 싶었겠지만, 미국은 그때 너무나도 비참한 경제지옥에 빠져 있었습니다. 게다가 지구상에서 가장 미움을 받는 나라가 미국이었습니다. 이것은 결코 편견에서 나온 표현이 아닙니다. 많은 미국인들도 그렇게 생각하고 있습니다. 미국 대통령선거에서 민주당 후보 오바마가 라이벌인 공화당 후보 존 매케인을 누르고 압도적인 승리에 들떴던 그 다음 달인 2008년 11월 5일자 〈뉴욕타임스〉에 한 컷의 만평이 실렸습니다. 그것은 지성 있는 미국인의 영혼 한가운데서 분출되는 깊은 회한을 여실히 드러내는 것이었는데, 지치고 후줄근한 행색으로 공원 벤치에 앉아 있는 노인 '미국'에게 오바마가 원기왕성한 목소리로 말을 건네는 장면입니다.

"다시 한 번 세계와 함께하실 준비가 되어 있습니까?"

8년 연속 장기집권한 부시 정권의 악정에 질려버린 미국인이 자기네 나라가 다른 국가들로부터 고립되어 가던 날들을 어떻게 느꼈는지 냉철한 눈으로 묘사한 듯한 이 만평은 대중의 사랑을 듬뿍 받은 「섹스 앤 더 시티 *Sex & the City*」류의 드라마에 등장하는 화려한 미국인의 일상세계와는 전혀 다를 뿐 아니라 오바마 대통령의 탄생으로 다시 품게 된 보석상자의 희망 뒤에 도사린, 빈정댐이 가득 찬 인생관을 단 한 컷으로 보여주고 있습니다.

그리고 그로부터 멀지 않은 12월 23일자 신문에는 '미국역사박물관, 다시 문을 열다' 라는 제목의 만평이 실렸습니다. 박물관 중앙 유리진열장 안에는 '1946년부터 2007년까지의 전후 붐' 이라는 제목이 적힌 모형이 전시 중입니다. 커다란 이층집에 살면서 개를 기르고 자동차 2대 정도를 가진 4인 가족의 만족스러운 듯한 행복한 모습을 담고 있는 미니어처 모델입니다. 박물관에 왔던 미국인들이 진열장을 한마디 말도 없이 조용히 뚫어져라 바라보고 있는 가운데, 뒤편에 있는 어린아이가 종알댑니다.

"정말로 이랬단 말야?"

2007년까지 큰 탈 없던 미국인들의 생활은 이미 날아가버려 박물관에나 진열되어야 할 역사의 유물이 되었던 것입니다.

이 만평www.gocomics.com/tomtoles/2008/11/23이 실린 날은 일요일인데, 다음날이면 수많은 미국인들이 충격으로 실신하게 될 새로운 한 주를 앞두고 있었습니다. 미국 제일의 상업은행으로 군림하던 시티은행이 주말을 앞둔 금요일에 주가가 대폭락하여 3달러대라는 거의 공짜나 다름없는 가격으로 떨어졌기 때문이지요. 바닥 모를 주가폭락은 미국인들의 투자의욕을 반영하는 것이기에 금융의 중심인 월가에 대한 실망감이 바로 그들의 여론이었다고 볼 수 있을 겁니다.

현재 세계는 베를린 장벽이 무너지고 구소련이 붕괴하던 때처럼 역사적 전환기에 직면해 있습니다. 그로부터 20년이 지난 지금 미국에서 자본주의가 대붕괴를 맞고 있기 때문입니다. 베를린 장벽이 붕괴해 동쪽의 공산주의 사회와 서쪽의 자본주의 사회를 분할하던 경계선이 제거된 그때, 세계는 '잠깐 동안의 평화'가 도래한 것을 축하했고 드라마틱한 사건으로 시선을 빼앗는 TV보도가 하루도 빠짐없이 대대적으로 흘러나왔습니다. 그런데 이번에 벌어지고 있는 눈앞의 일에는 모두들 쥐 죽은 듯이 조용하고 누구도 '자본주의가 붕괴되었다'고 인식하지 못하고 있습니다. 묘한 일이 아닐 수 없습니다.

이렇게 말하면, "당신 머리가 좀 어떻게 된 거 아닌가. 미국은 예전처럼 오늘도 역시 자본주의를 구가하고 있지 않은가?" 반문하는 사람이 대부분일지도 모르겠습니다. 그렇다면, 2008년에 미국정부가 무엇을 했는지 한 번만이라도 생각해 보시기 바랍니다. 막대한 정부자금을 금융시장에 유입시켜 와르르 무너져 내리는 은행이나 증권회사 등의 금융기관을 구제하는 데 분주하고, 9월 7일에는 마침내 경영파탄을 맞은 주택금융회사 패니메이와 프레디맥 두 회사를 2천억 달러에 국유화하지 않았습니까?

환율이 하루가 다르게 크게 바뀌는 시대여서, 이 책에서는 환율에 번번이 헷갈리지 않고 이해하기 쉽도록 하기 위해서 단순하게

1달러＝100엔(한국어판에서는 필요시 1달러＝100엔＝1000원으로 단순 환산해서 표기함 - 편집자 주)의 환율로 환산해서 표기했는데요, 2천억 달러라고 하면 자그만치 200조 원에 달하는 액수의 돈입니다. 그런데 그로부터 1주일 후인 9월 15일, 구제 노력의 효과도 없이 대형 증권회사인 리먼브라더스가 파산하고 금융공황이 엄청난 기세로 미국 전역으로 확대되어 버렸습니다. 그러자 그 이튿날, 미국 정부는 역시 경영파탄의 벼랑 끝에 몰린 세계 최대의 보험회사인 AIG에도 85조 원이라는 막대한 자금을 쏟아부어 국유화해 버립니다.

오해하면 안 될 것이, 이렇게 국유화가 진행된 곳이 카리브해의 사회주의 국가 쿠바가 아니라는 겁니다. 1959년 카스트로가 쿠바 혁명에서 단행했던 국영화가 어찌된 셈인지 먹을 것인가 아니면 먹힐 것인가로 자본의 자유경쟁을 맘껏 구가하던 미국에서 벌어지게 된 것입니다.

더욱이 11월 23일에는 주가가 거의 바닥까지 폭락해서 완전히 파산을 맞은 미국 제일의 시티그룹에 대해 미국 정부가 300조 원을 보증하는 전례 없는 구제정책을 내놓고, 이에 시티그룹은 20조 원이나 되는 우선주를 정부에 판매하기로 합니다. 앞에서 보았던 미국역사박물관 만평이 〈뉴욕타임스〉에 실린 날 벌어진 일입니다. 우선주라는 것은 일정한 배당률이 보증되고 우선적으로 배당

되는 주식을 말하기 때문에 다른 주주의 이익을 잠식해서 정부에 먼저 이익을 배당하는 것입니다. 이렇게 해서 시티그룹은 세상 사람들이 생각하듯이 구제된 것이 아니라 사실상 국유화되어 정부의 보호를 받게 된 것입니다.

시티그룹뿐만이 아닙니다. 증권투자회사로 제1위에 군림했던 골드만삭스와 제2위 모건스탠리 모두 은행지주회사로 전환한다고 발표하고 미국의 중앙은행인 FRB(연방준비제도이사회)의 규제와 감독 아래에 들어가는 방법을 선택합니다. 그 밖에 은행을 비롯한 온갖 금융기관들도 정부로부터 자금을 빌리는 보호를 받아들이지 않으면 더 이상 생존할 수 없는 기업이 되어 버리고 맙니다. 이때 대형은행이 막대한 자금을 노리는 모습이 미식축구에 빗대어 만평에 묘사되었는데, 여기엔 정부의 구제계획 발표와 동시에 가장 먼저 태클을 걸어 막대한 자금을 낚아채려고 기다리는 은행가들의 비열하고도 꼴사나운 표정이 여실히 드러나 있습니다. www.gocomics.com/tonyauth/2008/11/14

이것은 어떻게 보더라도 이제까지 그들이 공공연히 떠들어왔던 자본주의 방식이 아닙니다. 이같은 일련의 구제 방침은 분명히 저들이 그동안 헐뜯어왔던 사회주의 국가나 공산주의 국가의 방식입니다. 미국이 자랑해온 자본주의 역사는, 토마스 제퍼슨 등이 기초했던 독립선언서에 의해 나라가 세워진 이래 230년 남짓 지난 2008년에 이르러 마침내 막을 내리게 되었다고 봐도 무방하지 않을까요. 먼저 이런 중대한 사실을 인정하는 것에서부터 이야기를 시작하지 않으면 안 됩니다. 그러므로 이 책에서 말하는 '미국 자본주의 붕괴'는 미국에 비판적인 여러 다양한 책들이 지적하고 있는 '금융 메커니즘의 붕괴'라는 표현과는 그 뉘앙스가 전혀 다릅니다. 제가 말씀드리는 것은 누가 보아도 공정하고 엄밀한 정의에 따른 '자본주의 제도의 붕괴'를 뜻합니다.

지구상에서 초강대국으로 군림했던 미국의 제도가 왜 이렇게 효과를 보지 못하고 연전연패의 궁지에 몰리게 된 걸까요?

2008년 11월 15일, 이렇듯 지구 규모로 확대된 경제위기에 대처한다는 명분으로 세계 경제 상위 19개국에 EU 대표를 더해서 G20(금융정상회의)이 워싱턴에서 열렸을 때, '사상 최악의 대통령'이라고 불린 조지 W 부시는 자유주의에 의한 경제발전과 번영을 자랑스럽게 강조했습니다.

이런 지경에 이르러서도 '세계 자본주의의 리더'로 인상을 굳히려고 미국 정부는 필사적으로 잔머리를 굴렸습니다만, 정부가 민간기업을 국영화해서 돕겠다는 역사적 사실은 누가 보더라도 자작극의 미친 소리로밖에 비치지 않았기 때문에 대미 추종외교를 지지하는 이들을 제외하고는 아무도 거들떠보지 않았습니다.

이에 비해 적어도 지금으로선 신임 대통령 오바마의 정책은, 대통령선거 과정에서 "저놈, 사회주의야!"라고 공화당으로부터 공격을 받는 등 시민의 생활이 중심이 되는 경제사회로 고치겠다고 호소한 내용이기 때문에 미국 시민들이 어떤 종류에서건 사회주의적인 방식을 선택했다고 생각해도 좋을 것입니다. 확실히 미국 역사박물관을 신장개업해서 그간의 생활을 새로 전시해야 하는 일이 벌어진 것입니다. 그럼에도 일본의 경제학자나 전문가들 대다수가 미국 본토에서 벌어진 '멜트 다운(노심용융: 완전히 녹아내림 - 옮긴이)'이라고 불리는 이 이상한 공황 상태를 설명하면서 월가의 자본주의는 여전히 살아있다는 전혀 엉뚱한 해설을 읊어대고 있는 것이 작금의 현실입니다.

따라서 이 책은 여느 독자도 알고 있는 것으로 생각하지만 그 진상에 대해 제대로 알지 못하는 일련의 사건들에 새롭게 주목하여 누구나 이해하기 쉽도록 도해를 넣어 설명함은 물론 앞으로 중요한 역사 자료로 남길 바라며 다소 급하게 쓴 것입니다.

다만 여기서 말하는 진상은 '세상에 알려지지 않은 어떤 특별한 사실'이 아닙니다. 이를테면 신문이나 TV에서 보이는 경제전문가나 평론가의 알맹이 없는 해설을 통해 이해되고 받아들여지는 모든 것들이 사실은 거짓투성이 또는 수박 겉핥기 해설, 좀더 신랄하게 표현하면 '정치가나 돈에 빌붙어 아부를 떠는 자들'인엉터리 해설가들 때문에 잘못 이해되고 있을 뿐 아니라 대중의 올바른 시선에서 본다면 정반대의 의미를 갖게 되는 그런 사실들을 말합니다.

이같은 이유로 이 책에선 〈뉴욕타임스〉의 만평을 사이사이에 넣었습니다(한국어판에서는 저작권 침해 소지가 있어 해당 만평들을 그대로 게재하지 못한 채 웹사이트 주소만을 인용 표기합니다 - 편집자 주). 이 만평들은 제가 멀리 떨어져 있으면서 접하는 미국에 관한 뉴스에서 느꼈던 당시의 분노나 현상에 대한 분석을 정확하고 보기 좋게 그려내고 있습니다. 즉, 어떤 경제전문가나 평론가의 백 마디 말보다도 적확하게 문제의 핵심을 찌르며 시대를 생생하게 묘사하고 있는 것이지요. 앞서 인용한 만평도 상당한 식견이 아니면 그렇게까지 훌륭히 묘사해내지 못할 것이라고 느끼게 하는 걸작입니다.

이 작품들은 미국이 가운데에서도 역사에 대한 깊이 있는 통찰력과 유머감각을 겸비한 만화가가 스스로 느꼈던 하루하루의 현실에 대한 선명한 감회이기 때문에 매우 큰 설득력을 갖고 있습니다. 심지어 어떤 경우엔 이들 만평이 의표를 찌르면서 제 생각과는 정반대의 미국 여론이나 민심을 강렬하게 펼쳐 보였던 적도 적지 않아, 덕분에 그 실상을 더욱 정확히 알 수 있었던 때도 있었습니다.

한 예를 들자면 이렇습니다. 적자에 쫓겨 파산 직전에 몰린 GM, 포드, 크라이슬러 등 미국 자동차업계의 빅3가 미국 정부에 구제자금을 보챘던 시기는 오바마가 대선에서 승리한 뒤였습니다. 오바마는 디트로이트 자동차기업의 구제를 선거공약으로 내놓고 그에 힘입어 대선에서 압승했기 때문에 논리적으로는 미국 여론의 대세도 자동차기업에 호의적일 것이었습니다. 다시 말해, 그 상황은 누가 보더라도 당장 눈앞에서 빅3가 픽픽 쓰러져 도산하는 것을 미국 정부나 의회가 팔짱을 낀 채 수수방관하지 않고 결국은 구제금융을 들이부어 소동의 막을 내리게 할 조짐이었던 것입니다.

그런데 그때, 뒤에 본문에서 보겠습니다만 〈뉴욕타임스〉에 '경영자도 노조도 어리석은 행동으로 연대' 한다는 만평이 실렸습니다. 이같은 견해가 미국 유수 매체에 게재됐다는 사실은 미국 전역에서 쏟아지는 호된 비판의 눈길이 자동차업계의 노동자를 포함한 디트로이트 전체로 향하고 있음을 보여주는 강력한 증거라 하겠습니다. 그것은 어쩌면 세계 최대의 자동차회사인 GM이 이대로 도산하고 그 영향으로 결국 수백만 명의 실업자가 발생할 가능성조차 배제할 수 없다는 생각을 하게끔 만들기에 충분한 것이었습니다.

자, 서문은 이쯤에서 마치고 이제부터 세계에서 대체 무슨 일이 일어난 것인가를 본격적으로 파헤쳐 봐야겠습니다. 무심코 지나쳐도 상관없어야 할 우리가 의지와 상관없이 이 이야기에 말려들고 있다는 것을 생각하면 참으로 섬뜩한 일이지만 말입니다.

히로세 다카시

1장

자작극의 가면무도회

리먼브라더스는 왜 파산했는가

 2008년 9월 15일은 한 주의 시작을 알리는 월요일이었습니다. 이날, 리먼브라더스가 7천억 달러(1달러=1000원을 기준으로 했을 때 700조 원)를 넘는 파생금융상품의 거래잔고를 떠안은 채 6130억 달러의 부채총액으로 연방파산법에 의거한 기업회생 절차를 신청하면서 파산하고 말았습니다.
 거기서 실제로 발생한 막대한 손실액은 지금으로서는 가늠하기 어렵습니다만, 리먼브라더스가 광범위한 고객에게 판매해 온 상업어음의 영향이 어느 정도로 컸는가를 예상할 수 없다는 것이 사태의 심각성을 보여주는 핵심입니다. 그래서 일개 증권회사의 파산으로 "1929년 세계 대공황 이래 가장 큰 금융위기와 1973년 오일쇼크 이래 가장 심각한 경제불황에 동시에 습격당한 세계"라고 이야기되었던 것입니다.

그런데 현재 벌어지고 있는 상황은 절대로 글로벌 '금융위기'가 아닙니다. 정확하게 표현한다면 글로벌 '금융부패' 입니다. 여기에 이의를 제기할 분도 계시겠지만, 이 부패는 금전적인 부패만이 아니라 동시에 정신적인 부패이기도 합니다. 이 책에서 가장 핵심으로 다루는 주제가 바로 이 점이니만큼 앞으로 구체적으로 설명해 나가기로 하고, 어쨌든 우리는 미디어에서 사용하는 관용어나 상투적인 표현에 대해서 끊임없이 의심하는 태도가 필요하리라 생각합니다. 그러면 뉴스가 가장 중요한 점을 놓치고 전하지 못하더라도 그 의미를 눈치챌 수 있을 것입니다.

2008년은 미국 대선이 있던 해입니다. 그 선거일정이 막바지로 향하고 있을 무렵에 리먼브라더스가 파산하며 미국 전역이 금융공황에 휩쓸리고 말았습니다. 공황이란 문자 그대로 무서워 당황하는 심리상태인데요, 과거 1930년대의 세계대공황을 영어로는 'Great Depression'으로 표현하고 있습니다. 이 표현은 단지 대불황으로밖에 느껴지지 않기 때문에 한자어 쪽이 확실히 인간의 공포심을 제대로 표현하고 있습니다. 요컨대 무언가 벌어졌을 때 그 끝을 나쁘게 상상하고, 그런 심리상태가 사람에서 사람에게 파도처럼 흘러 전달되면서 사태가 더욱 악화되어 버리는 것이 공황입니다. 금융계는 이런 상태를 신용불안이라는 표현으로 부르고 있는데요, 바로 이것이 월가에서 일어난 겁니다.

왜 저들이 끝을 나쁘게 상상했냐구요? 그 이유는 자신들이 최근 몇 년간 계속해서 벌여 온 투기사업에 뒤가 구린 구석이 있음을 스스로 잘 알고 있었기 때문입니다. 저들은 타인에게 빌린 돈을 밑천 삼아 그보다 더 막대한 자금을 끌어들인 자들이기 때문에, 우리 같은 서민보다 훨씬 민감하게 이제부터 어느 빚쟁이의 추격전, 이를테면 마치 액션영화를 방불케 하는 대활극이 조만간 은행들 사이에서 벌어지리라 예감했습니다. 처음에는 대수롭지 않은 공포가 머리를 스쳐 지나가자 연이어 다음 공포가 나타나고 급기야 거대한 공포로 확대되었는데요, 그것이 바로 공황입니다. 결국 이 추격전에서 실제로 부채가 장부에서 장부로 그 뒤를 쫓고 또 쫓은 결과로 연쇄적인 파산이 계속해서 일어날 수밖에 없는 것은 자명한 이치였습니다.

대통령 선거에서 민주당의 오바마와 거의 호각지세를 이루며 경합을 벌이던 공화당의 매케인은 금융공황이 미국 전역에 번져 가는 과정에서 쏟아진 신랄한 여론에 진저리를 치고 맙니다. "이 같은 금융계의 붕괴는 부시 정권이 실행한 부유층 우대정책이 틀렸기 때문이다. 공화당이 정권을 장악했기 때문에 이렇게 참혹하게 된 것이다"라는 폭풍 같은 여론에 노출당하고 난 뒤에 매케인은 그 다음 달까지 오바마에 승리할 가망이 없을 정도로 극심한 타격을 받았습니다. '파산시키기에는 은행이 너무도 크다. 손을 쓰기에는 내 능력이 부족하다 - 대통령 후보 매케인' 이라는 만평 www.gocomics.com/tomtoles/2008/10/10이 신문 지상을 장식한 것도 바로 이 무렵의 일입니다. 만평의 설명란에는 당시 미국의 대형 금융기관이나 보험회사가 정부로부터 차례로 막대한 자금을 지원받을 때마다 번번이 핑계로 내세운 저 유명한 문구가 적혀 있습니다.

"너무 커서 망할 수 없다*Too Big to Fail*."

즉, 엎어지면 너무나 심각한 영향을 미치기 때문에 국민을 위해 어쩔 수 없는 조치라는 겁니다. 일본에서도 버블 붕괴 후 경제평론가들이 그런 발언으로 국민에게 으름장을 늘어놓았고, 결국 정부가 이와 유사한 조치를 취하여 막대한 혈세가 그동안 부동산 비블을 키우기에 여념 없던 무책임한 대형은행으로 빠져나간 일과 너무나도 닮은꼴입니다.

그러나 중요한 대목을 왜곡시킨 이런 이야기를 아무 의심도 하지 않고 믿을 수는 없는 노릇입니다. 사업에 실패하면 파산하는 것이 그들도 입버릇처럼 내뱉는 자본주의의 공정한 룰입니다. 그럼에도 "너무 커서 망할 수 없다"는 말을 뻔뻔하게 내뱉을 정도라면 대기업이나 대형은행의 경영자는 어떤 방만한 경영을 해도 좋다는 걸까요? 그렇다면 도요타는 일본 정부로부터 절대로 도산하지 않는다는 보증을 받기라도 한 회사란 말입니까?

그런 말도 안 되는 기업 룰이 일본에만 있는 게 아닙니다. 다윈의 진화론을 끌어들여 "약육강식의 세계에서 사는 것이 인간이란 생물의 숙명이고 자유주의의 길이다"라고 설파했던 인간들이 갑자기 아전인수식의 이상한 소리를 해대니 말입니다. 자본주의 룰을 유린하는 이런 불공정한 이권분배를 민주주의 의회를 가진 나라의 국민 앞에서 버젓이 실행하자고 말하는 것은 궤변론자의 발뺌이요, 사기꾼의 요설이라 해도 무방할 것입니다. 이렇게 해서 이라크에 군대 증파를 주장했던 베트남 전쟁의 영웅 메케인은 만평에서처럼 순식간에 그 존재가 사라져 버렸던 것입니다.

그래도 여전히 국민의 분노는 가라앉지 않았습니다. 미국인은 일본인과 조금은 다릅니다. 미국인은 대개 자기들 잘못은 보이지 않게 숨기면서도 논리적으로 수긍이 가지 않는 것에 대해서는 철저하게 상대방을 찍 소리도 못하게 만드는 습관을 어릴 때부터 몸에 익히고 즐기는 성향이 두드러진 사람들입니다. 집에서 푸념을 늘어놓는 것으로 마음을 풀고, 다음날 다시 정신을 차린 후 아무 일 없다는 듯 자기 일에 몰두하는 성격이 아닙니다.

정부의 은행 구제자금이란 게 따지고 보면 국민의 세금 아닙니까? 게다가 지원을 받은 금융기관 무리들, 예를 들어 골드만삭스

직원들의 평균 연봉이 6억 원 이상이라는 보도가 있을만큼 터무니 없는 세계가 바로 월가입니다. 지금까지 미국인은 그런 고수입으로 호화주택을 사고, 남자나 여자들에 빠져 놀아나고, 한껏 분에 넘치는 신분을 저마다 그리며 아메리칸 드림에 취했고, 이것을 자본주의 사회의 룰로 받아들였기 때문에 부자도 빈곤층도 어쨌거나 함께 생활하는 국민이 될 수 있었습니다. 그런데 공적 자금인 세금이 일방적으로 그곳으로 움직이게 되면 이야기는 달라집니다.

"왜 그런 탐욕에 눈이 먼 무리들에게 우리 세금을 쏟아부으면서까지 돕지 않으면 안 되는 것인가!"

그리하여 분노의 불꽃이 미국 전역에서 뿜어져 나오는 것과 동시에 오바마가 외친 "변화!"라는 한마디가 들불처럼 번지며 활활 타올랐던 것입니다.

당시 아메리카합중국은 남북전쟁 때처럼 정확히 둘로 분역되어 아무리 해도 통합할 수 없는 '아메리카분열국'이나 다름없다시피 했습니다. 무엇 때문이었을까요? 바로 빈부의 차이 때문이었습니다. 비단 미국뿐만 아니라 전 세계가 이같은 메커니즘 속에 처해 있습니다만, 빈부의 차가 발생하는 원리와 함께 그 실태에 대해선 이번 장의 끝 부분에서 수치를 통해 구체적으로 보여드리도록 하겠습니다.

2000~2008년 미국의 주가

다우 공업주 30종 평균 주가

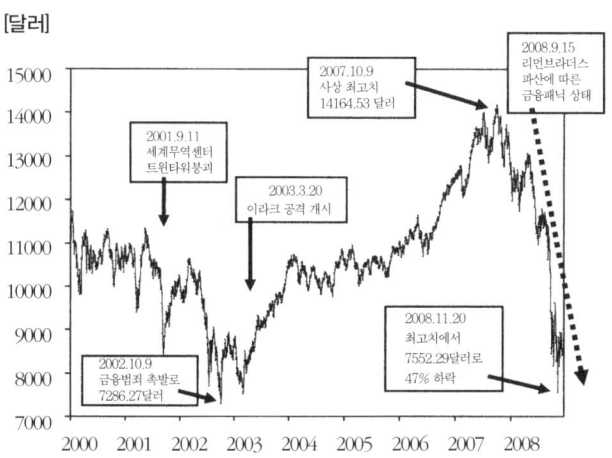

그렇다면 이 무렵 뉴욕증권거래소는 어떤 상태였을까요?

클린턴 정부의 마지막 해인 2000년부터 2008년까지의 변화를 다우 공업주 30종의 평균 주가 그래프에서 읽어 보아주시기 바랍니다. 차분히 살펴보면 대단히 흥미로운 사실을 누구라도 쉽게 눈치챌 수 있을 것이기 때문입니다.

2001년 1월, 조지 W. 부시가 백악관에 들어가고 나서 주가 대폭락은 세 번 일어났습니다. 첫 번째는 말할 것도 없이 그해 9월 11일, 세계 금융 중심인 뉴욕의 세계무역센터와 세계 군사력의 총본산인 펜타곤에 차례로 비행기가 돌진해서 세상을 놀라게 한 사건이었습니다. 이 때문에 월가에서 주식거래가 잠시 중단되고, 이어 미국이 아프가니스탄을 공격하기 시작해 세계는 다시 군사 파시즘에 휘말립니다.

그러나 이 책의 주제와 관련하여 더욱 중대한 사건은 그 이듬해인 2002년에 발생한 주가 대폭락입니다. 이것은 미국의 대형 회계법인이 일제히 회계부정에 연루되어 있었기 때문에 분식회계 등의 기업비리 스캔들이 잇달아 터져나온 결과입니다. 백주대낮에 아무 거리낌 없이 거짓 정보가 유포되어 주가는 올라가고, 거대 신용평가회사가 뒤를 봐주고, 경영자의 보너스는 하늘 높은 줄 모르게 뛴 게 밝혀진 것이죠. 이는 누가 보아도 경악할 만한 월가 금융부패의 정점이었습니다.

2002년 10월 최저치를 찍은 주가지수 7286.27포인트는 6년 후 리먼브러더스 쇼크 후에도 무너지지 않았습니다. 따지고 보면 2008년에 벌어진 금융붕괴는 한 차례 반복된 일에 지나지 않습니다. 다시 말해, 월가는 반성이라고는 전혀 찾아볼 수 없기에 21세기 들어 세 번째 금융부패가 앞으로 몇 년 후 나타날 것이 확실하다고 단언할 수 있습니다. 왜냐하면, 2002년 금융범죄로 당국에 적발된 대형은행의 이름은 6년 후 2008년 금융붕괴에서 당국에 도움을 구했던 대형 금융기관의 이름과 똑같기 때문입니다(이같은 사실의 경위에 대해서는 저자가 2002년 6월 NHK출판사에서 출간한 《석유제국》과 같은 해 11월 출간된 《금융제국》에서 부정을 저지른 인맥과 함께 자세히 다루었다. - 편집자주).

  결국 미국 정부가 부패한 인간을 계속해서 방치하기 때문에 그로부터 금융범죄가 몇 번이고 반복되는 것은 당연지사인 것입니다. 그 점을 보여주는 것이 방금 살펴본 주가동향 그래프입니다.

  그래프 같은 것은 따분하다고 무시하기보다는 지혜로운 눈으로 다시금 찬찬히 봐주시기 바랍니다. 2003년 3월 20일 전혀 이치에 닿지 않는 미군의 이라크 침공이 시작되고 그 후로 수십만 명의 이라크인이 목숨을 잃었는데, 뉴욕의 주가는 계속해서 쭉쭉 오르고 마침내 2007년 10월 9일 사상 최고치인 14164포인트까지 올라갔습니다. 맹렬한 속도로 달리던 롤러코스터가 2002년 최저치의 두 배까지 상승한 겁니다. 거기서 내려다본 유원지는 정말이지 끝내주는 경치였을 것입니다.

  그런데 2007년 여름부터 미국의 주택가격이 떨어지기 시작하고 저소득층을 대상으로 했던 서브프라임론의 부채경제가 거꾸로 빙글빙글 돌기 시작했습니다. 이때부터 가격폭락이 시작된 월가는 1년 후 2008년 11월 20일에 다시 47%를 잃어 최고치의 절반 가까운 7552.29포인트까지 폭락합니다. 특히 대폭락한 10월 27일 다음 날은 일본에서도 동경증권거래소의 일본경제평균주가가 버블 붕괴 후 가장 낮은 7162.90포인트를 찍었는데, 이날을 일본에서 쇼크가 시작된 날로 여기는 사람도 적잖았을 겁니다.

롤러코스터는 내려오기 시작하자 너무나도 빠른 속도 때문에 곧바로 궤도를 벗어나 밖으로 날아가 버렸습니다. 그런데도 월가에서는 여전히 주식투자를 하는 이가 있다는 만평이 실렸습니다. www.gocomics.com/jeffdanziger/2008/11/28

만평을 그린 작가가 사태를 정확히 꿰뚫어 보기라도 했던 걸까요? 실은 "리먼 쇼크다", "1930년 대공황 이래 최대의 공황이다", "월가의 투자자는 모두 손실을 보고 있다"는 등의 보도가 나오는 사이에 '어허, 이런!' 이란 생각이 들 정도의 사태가 벌어졌습니다. 그것은 그래프에서도 확실하게 드러나는데요, 리먼브라더스 파산 이래 몇 번 9300포인트 혹은 9600포인트까지 주가가 회복세를 보이는 날이 엄연히 존재했다는 사실입니다.

여기에 우리가 눈여겨봐야 할 기다린 비밀이 숨어 있습니다. 주가가 대폭락하는 와중에 주식매입금을 챙기는 자는 대체 누군가라는 수수께끼가 바로 그것입니다. 이를테면 주가가 폭락했다는 것은 누군가 주식을 팔았기 때문에 주식가치가 내려갔다는 것입니다. 따라서 처음 주식을 내다판 자는 막대한 부를 거머쥐게 됩니다. 그런 자가 여전히 월가를 어슬렁거리고 다닐 때, 이제 대부분의 투자자들은 극심한 금융 피해를 입었기 때문에 주가는 다시 오르지 않습니다. 월가에서는 지폐에 날개가 달려 8000조 원이 사라졌다고 하는데, 정말 그런 걸까요? 그렇지 않습니다. 그 돈은 결코 사라지지 않았습니다.

그렇다면 8000조 원이라는 천문학적인 돈은 어디에 있단 말입니까? 수수께끼를 추적하기 위해 시간을 한번 거슬러 올라가 보겠습니다.

리먼 사태가 터지자, 전 세계 경제전문가들은 1930년대의 대공황을 입에 올리면서 그 뒤를 이을만한 최대의 공황이라고 저마다 떠들어댔습니다. 틀린 말이 전혀 아닙니다. 2002년까지의 주가 상승과 폭락이 1930년 전후와 꼭 닮았기 때문이죠.

1929년 10월 24일은 월가의 주가가 폭락한 날로 흔히 '검은 목요일'로 불립니다. 끝없이 추락하는 2008년의 주가를 묘사한 한 만평 www.gocomics.com/tomtoles/2008/10/28에서, 추락하는 모습을 옆에서 지켜보던 두 사람이 한마디 합니다.

"1929년에는 빌딩에서 뛰어내렸는데 말야."

'검은 목요일'은 역사적으로 매우 중요한 날이니만큼 그 뒤로 수많은 관련도서들이 출판되었습니다. 특히 1979년에 출간된 《거품이 꺼진 날 The day the bubble burst》은 이날에 대한 생생한 기록이 수록된 자료집으로서, 제가 미국의 거대 재벌인 모건

가와 록펠러 가의 진상을 파헤친《제1권력: 자본, 그들은 어떻게 역사를 소유해왔는가》를 집필하는 데 크나큰 계기를 제공했습니다. 그럼에도 오늘날 세계가 이날의 사태로부터 아무런 교훈을 얻지 못했기 때문에 2002년과 2008년에 금융부패가 일어났다는 것을 지금부터 구체적인 사실들을 통해 얘기할까 합니다.

  1930년대 대공황 당시 월가의 주가폭락에 단서를 제공했던 실업률은 25%에 달했습니다. 네 명 가운데 한 명은 실직자였고 하층민 노동자들은 하루 한 끼 식사도 제대로 하지 못했으며, 정부에서 실시하는 배식장마다 사람들이 길게 줄을 섰습니다.

  그러나 이 와중에도 어김없이 자기 배를 불리는 무리가 있었습니다. 월가를 무대로 삼아 세력을 떨치던 조지프 케네디도 그 가운데 한 명이었습니다. 케네디 대통령의 아버지인 그가 하루는 구두를 닦으러 갔습니다. 어린 구두닦이에게 몇 마디를 건네던 조지프 케네디는 소년이 주식에 손댄 것을 알고, 일반 대중조차도 주식에 손을 대고 있다면 가까운 시일 안에 주가가 폭락할 것을 직감하고 주식을 팔아 치워 막대한 재산을 손에 쥐게 됩니다. 덕분에 그는 400만 달러의 자산을 5년 사이에 50배 가까이 되는 1억8천만 달러로 불렸다고 합니다.

  당시 주식시세를 보여주는 그래프를 봐주시기 바랍니다. 무엇보다 주가폭락 흐름이 놀라움을 금치 못할 지경입니다. 1929년 9

검은 목요일 (1929년 10월 24일)

다우공업주 30종 평균주가

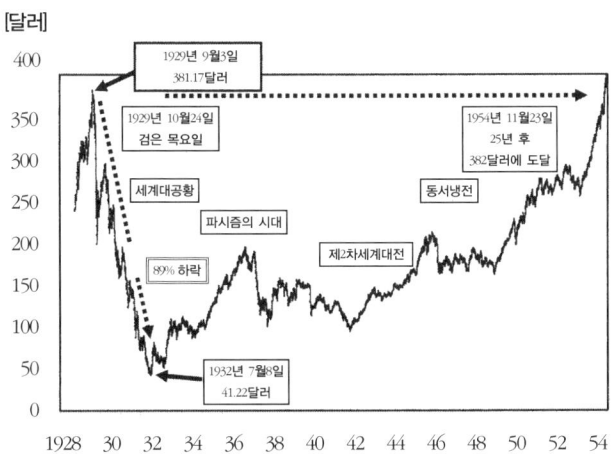

월 3일이 381.17포인트로 당시 정점이었습니다만, 검은 목요일이 지나고 3년 후인 1932년 7월 8일에는 41.22포인트로 89%나 떨어지며 무려 주식자산의 90% 이상이 사라졌던 것입니다!

현재 경제관계자들의 마음속에는 이번 사태로 말미암아 세계경제가 대공황시대와 같은 장기적인 불황으로 치닫는 것은 아닌가 하는 우려 섞인 의문이 자리 잡고 있습니다. 그렇다면 대공황 이전의 정섬 수준을 어떻게 회복할 것인지 예측하자면, 이 그래프대로입니다. 공황이 세계로 확산된 1930년대부터 그 반동으로 자본가에 대한 대중의 분노를 교묘하게 선동한 파시즘이 대두해서 이탈리아의 무솔리니, 독일의 히틀러가 출현하고, 일본에서도 미쓰이 재벌과 미쓰비시 재벌에 반대하는 국민의 분노를 군인들이 이용하여 결국 온 세계가 눈사태에 휩쓸리듯 중일전쟁 및 제2차세계대전이라는 전시 상황에 빠져 들고 맙니다. 그리고 이때 전쟁 특수로 경기가 끓어올랐던 미국은 독보적인 세계 제일의 공업국이 되었습니다.

하지만 여기서 좀처럼 이해하기 어려운 대목이 있습니다. 제아무리 전쟁 특수로 경기가 활황이었다손 치더라도 미국의 주가는 1929년 검은 목요일 이전의 정점보다도 상당히 낮기 때문입니다. 전쟁이 막바지에 이를 무렵 구소련과 미국이 대립하는 동서냉전의 시대가 등장하고, 미국은 전쟁으로 피폐해진 유럽 국가들을 구제하기 위해 막대한 자금을 지원하는 마셜플랜을 펼치기 시작했습니다. 하지만 그토록 부강해진 미국도 아직 1929년 당시의 주가를 회복하지 못한 상태였습니다. 그러다가 1950년부터 시작된 한국전쟁이 1953년에 휴전되고, 그 이듬해인 1954년 11월 23일이 되어서야 382선을 회복합니다. 버블 경제의 붕괴를 회복하는 데는 실로 25년, 즉 4반세기나 되는 긴 시간이 필요했던 겁니다.

이 4반세기 동안 인류가 겪어야만 했던 비참함은 이루 말할 수 없는 것이었습니다. 게다가 이 시기에 이미 제2세대 경영시대로 들어간 록펠러, 모건 두 재벌이 미국 전역의 기업을 휘하에 거느리며 처절하다 싶을 정도로 철저하게 독점을 강화시킵니다. 생각해보면, 이 '검은 목요일'이 파시즘과 제2차세계대전을 불러일으키고, 초대형 재벌의 독점지배를 전 세계로 확산시키는가 하면 마침내 원자폭탄과 수소폭탄이라는 악마의 무기를 만들어 냈던 것이죠.

우리가 정말 저 대공황과 비슷한 수준의 심각한 공황상태로 빠져든 것이라면, 다시금 파시즘이 준동하고 전쟁을 통한 경제부흥의 길을 걷지 않도록 정신을 바짝 차리지 않으면 안 됩니다. 특히나 우리는 지금 심각한 위험상황에 처해 있습니다. 각국 정부가 금융계를 포함하여 부패의 발생원은 그대로 두고, 그 대신 어마어마한 액수의 공적자금을 투입하는 겉핥기식 치료법으로 경기를 회복시키려 하고 있기 때문입니다.

그렇다면 이번 버블은 대체 어디서부터 부풀어올랐다 마침내 한꺼번에 터져버린 걸까요? 많은 사람들에게 친숙한 문제로부터 설명해 보기로 하겠습니다.

원유가격과 곡물가격은 왜 폭등했는가

2007년 말부터 2008년 중반에 걸쳐서 세계인들을 크게 놀라게 한 일이 벌어집니다. 원유가격과 곡물가격이 폭등한 겁니다.

원유가격은 왜 폭등했을까요? 여기에 제시된 것은 뉴욕 선물시장에서의 5년간 원유가격과 금가격 그래프입니다. 이것들이 거래되고 있는 시장의 비밀에 관해서는 나중에 그 메커니즘을 설명하겠습니다. 어쨌든 2003년 4월 29일에는 원유가격이 배럴 당 25.24달러였는데, 5년 후인 2008년 7월 3일에는 배럴 당 145.29달러로 그 정점을 찍으며 5.7배로 폭등합니다. 1배럴은 159리터가 들어가는 통으로 1.8리터들이 병 88개와 맞먹는 양입니다.

원유가격이 계속해서 상승하자 뉴스보도나 경제전문가들은 "베이징 올림픽 수요 때문이다"라든가, "아랍의 산유국들이 불안하기 때문이다"라고 완전히 엉뚱한 해석을 늘어놓기 시작했습니다. 그러나 아무리 그렇다손 치더라도 5년 동안 전 세계의 수요가 5.7배나 증가할 수는 없는 겁니다. 상식적인 선에서 생각해봐도 이해될 수 있는데요, 아랍에서의 원유채굴 원가는 1배럴당 비싸 봐야 8달러, 지역에 따라 3달러라는 거의 비슷한 가격일 뿐입니다. 바꿔 말하면, 채굴회사는 5센트 아니면 10센트로 병 1개치의 원유를 손에 넣을 수 있는데도 끝에 가서는 병 1개치 가격이

원유가격 (뉴욕 선물시장)
[달러/ 배럴]

2003년 1월~2008년 12월말
NYMEX의 텍사스 서부 중질유 가격

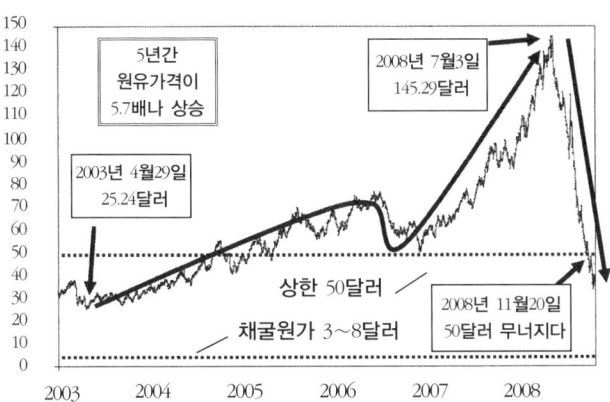

금가격 (뉴욕 선물시장)
[달러/ 온스]

2003년 1월~2008년 12월말
COMEX 가격

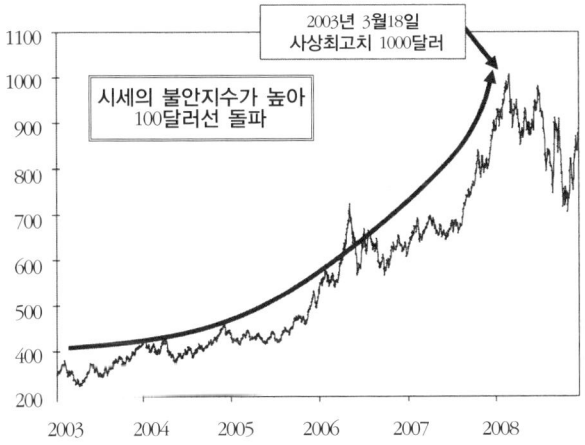

1달러 65센트나 되는 겁니다.

결국 2003년 이라크 공격이 시작되던 해부터 평론가들이 입을 맞추어 엄청난 거짓말을 해대면서 원유가격의 상승을 부채질한 것이 분명합니다. 제가 보기에 중국과 인도의 경제가 급속도로 성장하더라도 수요와 공급 관계에서 1배럴

올레그 데리파스카

당 50달러가 상한선일 텐데 해마다 그 상식이 무너지고 있는 겁니다. 가격조작이 자행되고 있는 거지요.

덕분에, 2007년 현재 세계에서 대부호가 가장 많이 거주하는 도시는 뉴욕이 아니라 원유로 한몫 단단히 챙긴 모스크바라고 미국 경제전문지〈포브스〉가 발표했습니다. 그에 따르면 세계 대부호 가운데 74명은 모스크바에 근거를 둔 인물들로서, 그들의 평균 자산은 59억 달러(5조 9000억 원)라는 눈알이 튀어나올 정도의 액수라고 합니다. 그들 가운데 제1위인 올레그 데리파스카는 40세의 나이에 이미 빌 게이츠의 거의 절반 수준에 달하는 280억 달러, 대략 30조 원의 재산을 가지고 있다고 합니다. 참고로 말씀드리자면, 석유재벌인 데리파스카는 민영화란 명목으로 국영기업들을 자본가들에게 헐값에 팔아넘기다시피 한 전 러시아 대통

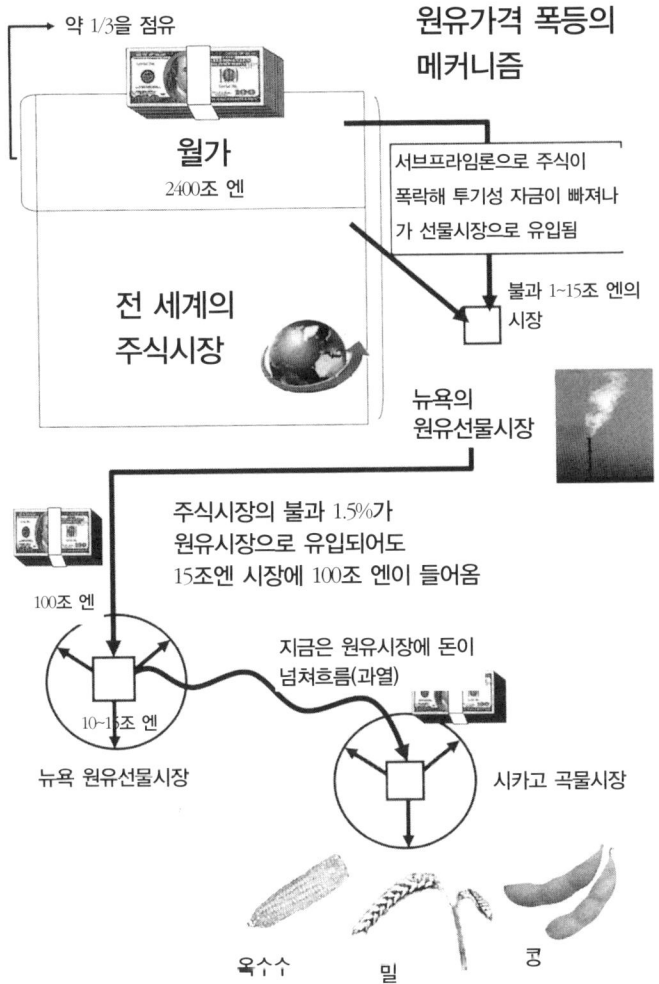

령 보리스 옐친의 충복이자 이너서클의 핵심 멤버인 발젠틴 유마셰프의 딸 폴리나와 결혼한 자입니다.

원유가격이 본격적으로 하늘 높은 줄 모르고 치솟기 시작한 때는 2007년 후반부터였습니다. 잘 알려진 바대로, 이것은 서브프라임론으로 뉴욕 주가가 폭락하기 시작해서 주식시장으로부터 투기성 자금이 몰래 빠져나간 후 원유 선물시장으로 흘러 들어왔기 때문입니다. 그때 세계 주식시장의 시가총액은 7경 2000조 원으로 그 가운데 3분의 1을 미국이 점하고 있었다고 하는데, 이 수혈된 원유 선물시장의 규모는 겨우 100~150조 원에 불과합니다. 7경 2000조 원의 1.5% 가까이만 원유시장으로 흘러 들어가도 1000조 원을 넘습니다. 그렇게 되면, 이번에는 원유 선물시장이 넘쳐흘러 그 자금이 곡물시장으로 흘러 들어갑니다. 그래서 곡물가격이 폭등하고 마는 겁니다.

그럼에도 수많은 미디어는 한결같이 이렇게들 이야기해 왔습니다. "중국의 인구증가와 맹렬한 경제성장 위에 육식화가 진행되고 있다. 그 때문에 곡물수요가 증가되고 있는 것이다"라고. 더욱이 "바이오에탄올 연료를 위한 옥수수 수요가 곡물가격을 높이고 있다"라는 가당찮은 기사를 쏟아내기도 했습니다. 그러나 그것이 곡물가격을 높인 진짜 원인일까요? 중국의 후진타오 국가주석은 당혹감을 감추지 못하며 "그렇지 않다"고 반론을 제기

곡물의 국제가격
달러 / 톤

출처 : 유엔 식량농업기구 FAO

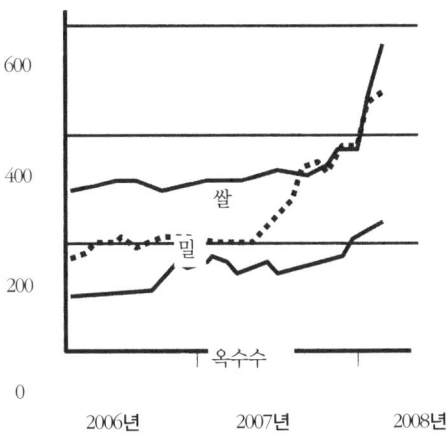

콩의 국제가격

시카고상품거래소 2008년 9월말

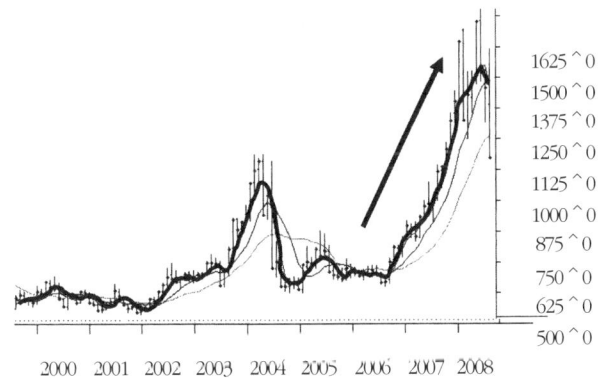

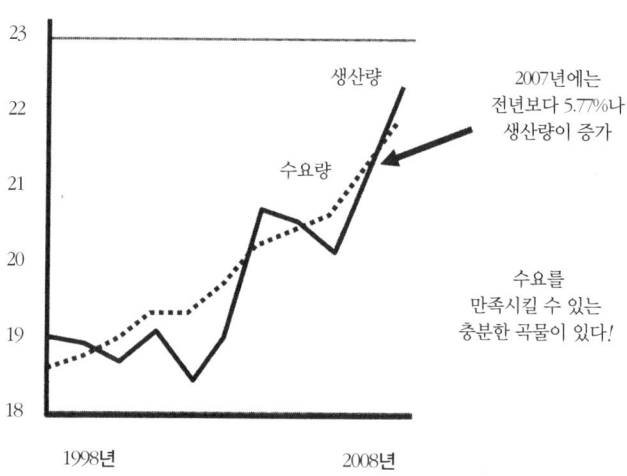

했습니다.

유엔 산하 FAO(식량농업기구)의 통계에 따르면 옥수수, 밀, 쌀의 곡물가격은 도표에서 보이는 것처럼 2008년 초까지 엄청나게 올랐습니다. 콩 가격도 시카고상품거래소의 그래프처럼 폭등에 폭등을 거듭했습니다. 그런데 2007년 곡물 수확량은 당시 공시지가로 사상 최고인 21.3억 달러어치를 기록하여 전년 대비 5% 증가한 과거 최고치였습니다. 그 수요 또한 10억 달러어치는 인류의 식량으로, 1억 달러어치는 바이오 연료 제조로, 7.6억 달러어치는 가축사료 용도여서 어떻게 보아도 곡물이 제법 남아도는데도 2007년 곡물가격은 쌀이 75%, 밀은 130%나 치솟은 해괴망측한 폭등이었습니다.

FAO 통계에서도 세계의 곡물수요 균형은, 2007년에 생산량이 전년 대비 5.77%나 증가해서 수요를 만족시킬만큼 충분한 양의 곡물이 있었음을 분명하게 보여주고 있습니다. 그럼에도 세계 36개국이 식량 부족으로 인한 위기 상황에 처해 있다고 FAO는 발표합니다. 이 얼마나 엉뚱한 짓입니까. 이런 유엔 기관이 식량문제를 담당하고 있기 때문에 기아와 빈곤이 이 지구에서 사라지지 않고 있는 것입니다.

곡물시세는 2008년 중반부터 방향이 급격하게 바뀌어 떨어지기 시작합니다. 옥수수도, 쌀도, 밀도, 콩도 모두 그랬습니다. 도표를 보시기 바랍니다. 리먼 사태의 영향으로 원유가격도 폭락하기 시작하면서 약 2개월 후인 2008년 11월 11일에는 점차 50달러대로 진입하고, 11월 20일에는 제가 하한선으로 보았던 50달러대가 무너지면서 40달러대로 떨어지고, 12월 18일엔 마침내 40달러대도 무너졌습니다. 하지만 지금 같은 세계적인 불황기에는 이것도 높다고 할 수 있는 가격입니다.

어떻게 해서 폭락했던 걸까요? 미국 전역으로 확산된 경제 붕괴에서 부채의 연쇄반응이 시작됐기 때문에, 투기꾼들이 원유시

곡물가격의 급락

출처 : 유엔 식량농업기구 FAO

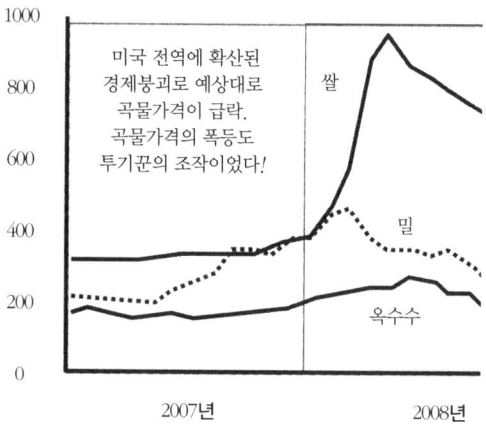

2008년 콩 가격 추이

출처 : @Barchart.com

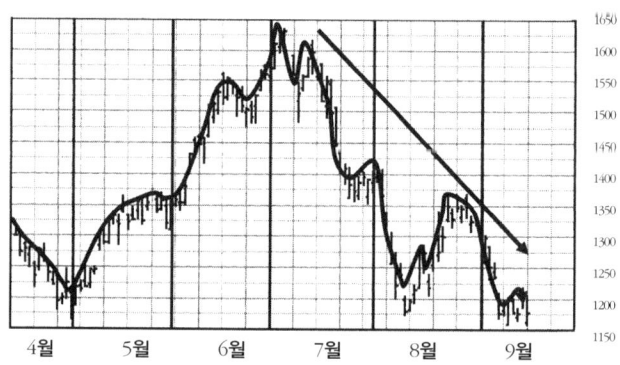

장과 곡물시장에서 재빠르게 자금을 빼내기 시작했던 겁니다. 여기에 확실히 입증된 것처럼, 후진타오 중국 국가주석이 불만을 쏟아냈던 대로 곡물가격의 폭등은 중국 탓도 아니고, 바이오에탄올 연료 때문도 아니고, 식량 부족이나 식량 위기 때문도 아닙니다. 곡물가격이 누군가에 의해서 조작되고, 그래서 빈민국이 곡물을 사들이지 못하기 때문입니다. 그럼에도 가격조작을 하는 무리에 대해 엄중한 규제조치를 취하지도 못하는 유엔은 얼마나 무능한 존재인 것일까요.

곡물의 국제가격은 자연의 날씨 변화에 영향을 받아 다소 차이가 생길 수 있지만, 이번 폭등의 거의 대부분은 원유파동 때처럼 투기꾼이 인위적으로 인상시킨 것입니다. 전문가들은 그저 별거 아닌 듯이 "일부 투기꾼도 섞여 있기 때문"이라고 말합니다만, 이는 사실을 왜곡하는 것입니다. 가격폭등은 거의 전부라고 할만큼 투기꾼의 소행 탓입니다.

지금까지 원유가격, 금가격, 그리고 곡물가격의 폭등에 대해 말씀드렸습니다. 하지만 경제지표가 되는 것이 아직 한 가지 더 있습니다. 바로 앞의 세 가지 품목들이 거래되는 세계무역을 지배하다시피하는 환율의 급격한 변동입니다. 이 네 가지 모두는 대체 어떤 관계를 맺고 있는 걸까요?

선물거래소는 어떻게 부패했는가

미국 동북부에 위치한 오대호 인근의 일리노이 주에 일찍이 알 카포네가 악명을 떨치던 도시 시카고가 있습니다.

이곳에는 거대한 거래소가 두 곳 있습니다. 하나는 곡물을 주로 취급하며 국제곡물가격을 움직이는 시카고상품거래소(CBOT)요, 다른 하나는 시카고상업거래소(CME)입니다. 시카고상업거래소는 이전엔 메르크(MERC)로 더 잘 알려진 곳인데, 이곳 수장이었던 클레이턴 야이터는 미국 통상대표가 되어 일본과의 무역에서 섬뜩한 공갈협박 외교를 펼친 후 농무장관에 올라 일본의 농산물 자유화에 엄청난 압력을 가한 자로서 결코 잊을 수 없는 이름입니다.

MERC의 시작은 농산물 거래소였는데요, 오늘날 환율을 담당하는 세계 최대의 선물시장이 시카고상업거래소입니다. 결국 시카고상품거래소에서 곡물이 투기 대상이 되고, 또 시카고상업거래소에서는 환율 외에도 금리, 축산물, 부동산 파생상품(서브프라임론)에 더해 이보다 더 무시무시하게도 농산물과 관련되는 '날씨'까지 취급합니다. 거기에 유엔의 '기후변동에 관한 정부간 패널'(IPCC)의 과학자들이 영향을 미치고, 국가예산과 얽히고설켜 들어가 예측 데이터가 인위적으로 조작되고 있습니다. 이를테면 이산화탄소 감축을 부르짖으며 도입한 탄소배출권 거래야말로 대표적인 파생상품인데, 이번 금융공황이 전개되는 가운데 드러난 문제는 결국 정치적인 금융거래가 그 배후에서 진행되고 있다는 사실일 겁니다.

이러한 배출권 거래 파생상품이 방아쇠가 되어 회계부정을 저지르다 결국 2001년 12월 2일 미국 역사상 자산규모로 최고액수의 부도를 맞아 월가를 뒤흔들었던 에너지 기업이 바로 그 유명한 엔론입니다. 그리고 엔론을 부패하게 만든 것은 시티그룹을 시작으로 지금 문제가 되고 있는 서브프라임론 관련 파산은행들입니다. 이것이 2002년 월가 부패 스캔들의 원천이 되어 주가폭락을 불러일으킨 것입니다.

현재 곡물가격과 식량문제는 이산화탄소 온난화론과 하나가 되어 매우 위험한 상태가 되었습니다. 이렇게 말해도 대부분의 사람들은 오늘날 지구상에는 인간에 의한 이산화탄소 배출량이 많기 때문에 지구온난화가 진행된다고 믿을 것입니다. 그러나 문제가 그리 간단치만은 않습니다. 상세한 내막은 이 책의 본론인 금융문제의 밖에 있기 때문에 이쯤에서 그치고, 대신 그것을 이해하기 쉽게 과학적인 실증 데이터를 통해 설명한 《바르게 아는 지구온난화 - 왜곡된 지구온난화론에 현혹되지 않기 위해서》(아카소후 순이치, 2008년)를 여러분께 필독서로 추천하겠습니다.

한편, 금융도시 뉴욕에도 중요한 선물거래소가 두 곳 있습니다. 하나는 서부 텍사스 중질유 가격을 조작해서 세계 원유가격을 폭등시키는 투기꾼들의 총본산으로 악명 높은 뉴욕상업거래소(NYMEX)요, 다른 하나는 이들이 투기사업 최후의 보루로 삼아 자산을 확보하고 이른바 리스크에 대한 보호장벽(헤지)으로써 자금을 투입하는 금시장인 뉴욕상품거래소(COMEX)입니다.

주식이나 환율 등은 단지 종이 위 숫자이기 때문에 리스크가 존재하기 마련입니다. 하지만 만약 시세가 격동하더라도 금이라는 현물을 가지고 있으면 어떻게든 자산을 지키는 담보로서의 가치가 있다고 말할 수 있습니다. 따라서 앞에서 보여드린 금가격 그래프는 일종의 불안정지수이고, 원유와 함께 가격이 폭등한 것은 앞으로의 폭락을 뚜렷하게 예고하고 있는 것입니다.

그렇다면 원유, 금, 환율, 곡물 네 가지는 서로 어떤 관계에 있는 걸까요? 다음을 보시면 그 관계가 확연히 드러납니다.

- ◆ 1994년 8월 3일 원유거래소(NYMEX)가 금 선물거래소(COMEX)를 흡수합병하다.
- ◆ 2006년 10월 17일 환율·외환거래소(CME)가 곡물거래소(CBOT)를 흡수한다고 발표(정식 합병은 2007년 7월 12일). 합병 후 CME그룹이 되다.

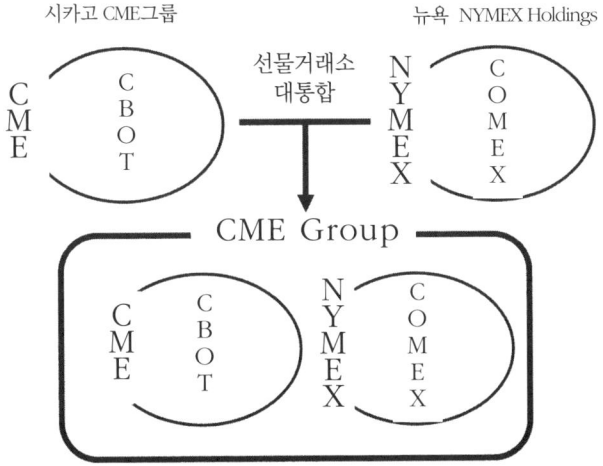

CME – 외환, 축산물, 금리 등 시카고상업거래소 CBOT – 곡물 시카고상품거래소
NYMEX – 원유 뉴욕상업거래소 COMEX – 금 뉴욕상품거래소

◆ 2008년 3월 17일 외환·곡물거래소(CME그룹)가 원유·금 거래소(NYMEX·COMEX)를 합병(합병 완료일은 8월22일).

이처럼 4대 선물거래소가 놀랍게도 CME그룹이라는 하나의 회사로 합병된 것입니다!

CME그룹은 환율, 곡물, 원유, 금의 선물거래를 진행하며 세계 최대의 파생상품 거래소가 된 도깨비 같은 회사입니다. 각각의 거래소 드넓은 매장에서는 묘한 열기를 띤 일선의 딜러들이 터무니없는 가격의 거래를 하루도 빠지지 않고 벌여댑니다. 그 안에서 활약하는 상당수 인간은 투기꾼 아니면 그들의 대리인입니다. 한마디로 돈이 근본이라는 자본주의 이념에 길들여져 이익에 눈이 먼 자들인데, 슬프게도 이들은 자신들의 거래 때문에 세계가 얼마나 갈팡질팡 혼란에 휩싸이는지에 대해서는 전혀 흥미를 갖지 않습니다.

모든 악의 근원은 투기자본에 있습니다. 가격을 움직일 수 있는 일당은 상품무역 어드바이저로 불리며 원유, 곡물, 금 등의 상품 시세가격을 올리는 하게타카(본래 독수리를 뜻하는 단어였지만, 2007년 NHK에서 6부작 드라마〈하게타카ハゲタカ〉가 만들어진 이후 탐욕스런 펀드를 지칭하는 은어가 됨 – 옮긴이) 투기꾼 집단입니다. 저들의 심중에는 조만간 원유거래소에서 자금을 회수해서 시세 차이에 따른 거액의 이익을 챙기겠다는 계산이 깔려 있습니다. 그 때문에 저는 원유가격이 50달러를 넘고부터는 언제 다시 푸라 할까 계속 지켜보았던 것입니다.

미국에서는 부정을 저지른 인간을 보통 '썩은 사과'라고 부릅니다만, 하나의 사과 상자 안에 환율, 곡물, 원유, 금 등의 사과를 모두 넣으면 어떻게 될까요? 다른 딜러와 경쟁해서 지지않고 높은 수익률을 올리는 것이 투기꾼과 헤지펀드 딜러들의 하루 일과입니다. 그러니 이들 거래소의 사과 상자 안에서 부패가 만연하지 않을 수 없을 것입니다. 이렇게 해서 딜러 개개인들 역시 썩은 사과가 되지 않을 방도가 없으며, 현재는 그 부패가 절정에 다다랐다고 말씀드려도 좋을 듯합니다.

여기서 부패라는 말은 돈벌이 자체를 의미하는 것이 아닙니다. 프로축구계의 리오넬 메시처럼 뛰어난 실력을 보여주는 선수가 파격적인 연봉을 받는다면 우리는 우레와 같은 박수를 칠 것입니다. 기업이나 발명가가 우수한 제품을 세상에 선보여 장인으로서 그동안의 노고를 돈으로 보상받는다 해도 기분이 좋을 것입니다. 그에 반해 부패라는 것은 마치 불로소득 같은 천박한 행위를 통해서 한도를 넘어선 부를 취하거나, 독점도 하지 않고 죄도 짓지 않은 사람들의 생활을 압박하고는 시치미를 뚝 떼는 행동을 하는 것입니다. 그들에게 세상에 대한 박애를 설명하는 것은, 불교에서 말하는 삼도천三途川 강변의 자갈밭(부모보다 먼저 죽은 아이가 저승에서 부모 공양을 위해 돌을 모아 탑을 쌓는다는 곳 - 옮긴이)에서 벽돌 쌓는 것처럼 곧바로 귀신이 와서 냅다 차버리기 때문에 해봤자 얻을 게 없는 헛수고입니다.

그러나 그들이 인위적으로 야기한 가격폭등과 하락 때문에 생기는 가혹한 고통이 전 세계에 만연하고 결국 빈곤층은 벼랑 끝까지 내몰리게 됩니다. 식량을 손에 넣을 수 없어 분노하는 민중들이 세계 곳곳에서 일으킨 폭동들은, 그렇기 때문에 살아 있는 동물로서 벌이는 마지막 투쟁이라 할 수 있습니다. 언제부턴가 일본에서는 워킹푸어라는 이상한 말이 아무렇지도 않게 쓰이고 있습니다만, 빈곤은 가난 $Poor$과는 다릅니다. 가난해서 하루의 일용할 양식도 얻지 못한 채 생계수단도, 이야기를 나눌 친구도, 한 가닥 희망도 없는 상태에 놓이는 것이 빈곤입니다. 그래서 제대로 된 정부라면 인류에 대한 중대 범죄인 부패가 확산되지 않도록 당연히 조치를 취해 단속해야만 합니다만, 미국 정부는 이를 수수방관하고 말았습니다.

이것을 범죄라고 하는 인식이 수많은 경제전문가와 정치가들에게는 전혀 없습니다. 그런 정신적 부패가 금융부패의 원인입니다. 제가 전혀 납득할 수 없고 나아가 뼛속 깊이 분노마저 느꼈던 점은, 원유가격과 곡물가격이 폭등한 2008년 초 유럽에서 트럭 운전사들이 시위를 벌이고, 일본에서는 수산업자들이 궁지에 몰리고, 빈곤국에서 폭동이 확산되고 있었는데도 왜 세계는 금융부패라는 범죄를 외면한 채 박멸하지 않는가라는 것이었습니다.

그즈음 거래소 네 곳이 합병한 CME그룹의 본거지 시카고에서 "변화!"를 외치며 한 남자가 등장해 눈 깜짝할 사이에 대통령 자리를 차지했습니다. 시카고에서 활동했던 버락 오바마는 대선에서 승리한 후 행한 극적인 당선 연설에서 다음과 같은 열변을 토해냈습니다.

2008년 11월 5일 〈시카고선타임즈〉와 〈시카고트리뷴〉

"이번 금융위기가 가르치는 것이 있다면, 그것은 주류가 고통받고 있는 시기에 월가가 번영하는 일이 있어서는 안 된다는 것입니다. 모두가 이 점을 확실히 알아야 합니다."

그렇지만 예상한대로 달변가이기도 한 이 새로운 시대의 영웅이 부패한 인간들과 완전히 손을 뗄 수 있을까요? 다시 말해 〈언터처블〉이란 영화 속에서 케빈 코스트너가 분한 엘리엇 네스처럼 갱 집단을 말끔히 소탕하고 현대의 알 카포네를 투옥시킬 수 있을까요?

이것은 결고 비유적인 표현이 아닙니다. 암흑가의 보스 알 카포네로 대표되는 갱 신디케이트가 정치가나 경찰을 뇌물로 포섭

알 카포네

금주법의 시대인 1920년대에 갱들이 활보해서
주가가 일직선으로 상승.
그 결과 1929년 10월 24일
월가에 '검은 목요일'이 닥치다

【달러】다우공업주 30종 평균주가

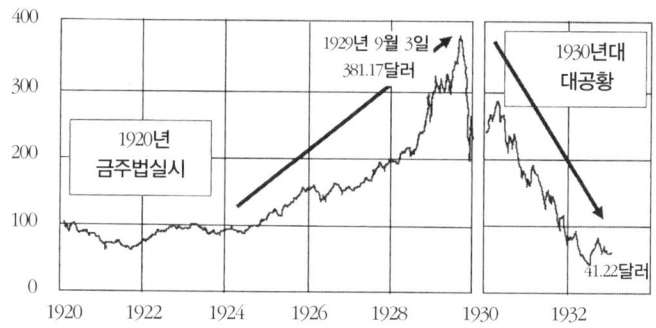

하고 제멋대로 거리를 호령했던 1920년대는 홈런왕 베이브 루스가 등장해서 야구의 인기가 불꽃처럼 타올랐고, 완전히 무용지물의 금주법이 시행되는 한편으로 갱단이 사람들을 열광시키는 등 '광란의 20년대'로 불리는 시대였습니다. 금주법이라는 악법 때문에 밀주와 매춘 같은 범죄가 성행하고 벌건 대낮에 살인이 마구 자행되는 등 미국 전역이 좀먹어 들어갔습니다. 그 시대에 세계 경제의 중심지가 영국 런던에서 미국 뉴욕의 월가로 옮겨지고, 부정회계가 만연한 뉴욕증권거래소에서 미증유의 주가상승이 일어나다가 마침내 1929년 10월 24일 검은 목요일에 주가가 대폭락해 버린 겁니다. 대공황이 일어나기 전에 이미 금융시스템은 부패하고 있었던 것입니다.

그런데 지금, 그때와 다를 바 없는 신디케이트 구조의 동일한 범죄가 버젓이 자행되고 있습니다. 그래서 그렇게 썩어 들어가던 금융이 마침내 한꺼번에 와르르 무너져 내렸는데요, 거기에 방아쇠를 당긴 서브프라임론에는 어떤 문제가 있었을까요?

서브프라임론은 무엇이 문제였는가

미국의 최저소득층을 위한 주택자금대출은 부동산 버블에 맞춰 춤을 추었던 일본인조차도 놀랄 지경인데, 어떤 경우에는 담보도 없이 몇 가지 계약서만으로 주택구입자금을 대출해 주어 호화로운 내 집 한 채를 살 수 있도록 가난한 무주택자를 우대해 주는 제도입니다. 저금리 우대대출을 프라임론이라고 부르듯이 프라임이란 우대를 뜻하는 것입니다만, 서브프라임론은 대출금을 반환할 가능성이 없는 사람들도 쉽사리 대출을 받을 수 있게 만드는 시스템이었습니다.

미국의 부동산금융은 패니메이와 프레디맥이라는 두 회사의 지배하에 있었습니다. 두 회사 모두 국영 금융기관으로 출발하여 정식 명칭은 각각 연방주택저당공사와 연방주택대부저당공사였는데요, 이들은 민영화된 후에도 '준국영' 기업처럼 행동했습니다. 마치 그 채무를 정부에게 보증받기라도 한 듯한 안이한 태도로 방만한 경영을 했다는 의미입니다.

중요한 것은, 서브프라임론 문제가 2007년 매스미디어에 떠들썩하게 보도되기 전부터 저 같은 문외한도 이 두 회사의 경영위기와 부동산 버블에 대해 눈치를 챘음에도, 미국 정부는 그 누구도 그들을 규제하지 않았음은 물론 다른 경제전문가들도 경고하지 않았던 사실입니다.

제가 처음으로 사태를 파악했을 때는 두 회사가 파산하기 5년 전인 2003년이었습니다. 그해에 패니메이가 자산 규모로 미국 제2위의 기업이 되고 얼마 지나지 않아 프레디맥과 합병해서 주택시장을 40%나 점유했습니다만, 이미 그때부터 경영위기설은 간헐적으로 보도되고 있었습니다. 그런데 역으로 미국 부동산시장은 미국 국채시장의 1.25배 규모로 계속해서 팽창하고 있었기 때문에 1990년에 일어났던 채권시장의 혼란보다도 더 큰 환란이 찾아올 것이라고 예측할 수 있었던 겁니다.

게다가 당시 미국의 부패 인맥을 조사하고 있었던 저는, 부동산과는 전혀 관련없는 인물들이 희한하게도 패니메이의 중역으로 포진해있는 데도 의문이 들었습니다. 대표적인 인물 몇몇을 들자면, 골드만삭스 회장을 지내다 백악관으로 들어간 뒤인 2002년 12월 부시 정권의 경제정책담당 대통령보좌관과 국가경제회의위원장이 되어 미군의 이라크 공격에 대한 전비를 확대시킨 스티븐 프리드먼이나, 워싱턴 DC의 투자은행가로서 부시 대통령 일가의 인맥으로 권력을 과시한 프레드릭 말렉, 레이건 정부 시절 수석보좌관에서 거대 군수산업체인 맥도널드 더글러스와 보잉의 중역이 된 케네스 듀버스타인 등이 중역이었고, 차기 부시 정권의 통상대표가 된 네오콘 일파의 악명 높은 로버트 졸릭이 패니메이 부사장의 이력을 지닌 자들입니다. 이 가운데 졸릭은 이라크의 후세인 체제 붕괴를 주도한 사람 가운데 하나로, 이 글을 집필하기 시작한 2009년 현재 세계은행 총재로 있습니다.

이런 거물들이 주택 버블에 둥지를 틀고 기생했던 것입니다. 그런데 실제로 이런 거물들 위에 군림하다시피 한 자가 있었으니, 1999년부터 패니메이의 최고경영자에 취임한 프랭클린 레인즈입니다. 〈포춘〉지가 선정한 '500대 기업 최초의 흑인 CEO' 였던 프랭클린 레인즈. 월가를 비롯한 금융가에서는 절대적으로 백인이 이권을 장악하고 있었기 때문에 그의 출세는 흑인으로서는 분명 이례적인 것입니다. 무언가 내막이 있겠다 싶어 이력을 조사해 보니, 아니나 다를까 레인즈는 로스차일드계의 거대 투자은행 중 하나인 라자르프레르의 파트너로 출세의 정점을 찍고, 나아가 클린턴 정부 시절엔 행정관리예산국장이라는 요직에 있었던 인물이었습니다.

하지만 프랭클린 레인즈 역시 이 책에서 가장 중요한 인물로 등장하는 재무장관 로버트 루빈의 부하가 된 인물이었기 때문에, 아

프랭클린 레인즈

무래도 루빈이 이 흑인을 이용하기 위해 꼬여낸 것이 틀림없다고 봐야 할 것 같습니다. 그 이유로는 정부가 요구한 대로 부동산 버블의 불꽃 속으로 서브프라임론의 맹렬한 기름을 부운 레인즈가 회계부정이 발각되어 사임에 몰리고, 결국엔 2006년 증권거래위원회로부터 사내 이익을 조작해서 자신들의 상여금을 최고액으로 받은 죄를 문책받고 고소당하여 막대한 금액의 보너스나 연금 등을 반환해야만 하는 비참한 운명을 맞이했기 때문입니다. 레인즈의 이런 말로에 반해 또 다른 당사자인 루빈은 재무장관에서 시티그룹으로 자리를 옮겨 이 대형은행에서 리스크 높은 부동산 투자로의 길을 옆도 돌아보지 않고 쏜살같이 내달려 레인즈가 뿌린 씨앗을 차례차례 수확하는 작업에 몰두했습니다.

프레디맥도 2003년에 분식회계가 발각된 것은 마찬가지였습니다. 그럼에도 분식회계를 진행한 간부 그레고리 파세이언을 CEO로 임명해서 비난이 집중되었습니다. 간부들은 2000~2002년 사이에 3년간의 이익을 실제보다 50억 달러(5조 원) 가까이나 적게 신고하는 숫자 조작을 하고, 그에 따라 현재의 실적을 상승한 것처럼 보이게 했는데 그것이 들통난 것입니다. 부정회계 조작에 대해서 연방주택공사 감시국이 내린 1억 2천5백만 달러의 제재금을 부과받고 프레디맥의 신용과 평판이 무너져버린 것은 사필귀정일 것입니다.

　이런 패니메이와 프레디맥이 공화당 민주당 가릴 것 없이 부패한 인맥을 넓히고, 2008년에 말기적인 경영위기에 빠져 9월 7일 정부로부터 2천억 달러(200조 원)의 공적자금을 지원받고 구제되어 다시 국유화된 겁니다. 그러나 문제는 그 이상으로 심각합니다. 2008년 11월 23일 발행된 〈뉴요커〉엔 '붕괴의 해부'라는 제목으로 이번 금융붕괴를 추궁하는 장문의 기사가 게재되었는데, 거기에 눈을 의심케 하는 내용이 적혀 있었습니다.

　'미국 전역에 14조 달러(1경4000조 원)의 부동산 부채가 있다. 서브프라임론의 2조 달러는 턱없이 작은 액수다. 연방준비제도이사회의 추정으로는 서브프라임론 때문에 입은 모든 손실이 겨우 주식시장의 일일 거래와 비슷한 수준이기 때문에 이런 일로

금융계가 붕괴되는 일은 없을 것이다.'

원문은 이렇습니다. 'the 14 trillion dollars in mortgage debt outstanding in the Unites States.'

여기서 'outstanding'은 미결제로 이해하면 좋을 겁니다. 1경 4000조 원이나 되는 부동산 담보가 아직 결제되지 않은 상태라니요? 어마어마한 액수이기 때문에 몇 번이나 거듭해서 숫자를 세어 봤지만 14조 달러는 1경 4000조 원이 맞습니다. 게다가 패니메이와 프레디맥이 팔아 치운 부동산 관련 증권은 떼이게 될 지경에 이르게 된 것입니다.

빅3는 왜 경영위기에 빠졌는가

금융이란 돈을 융자하는 것입니다. 이것은 넣어도는 돈^{loan}으로, 한자로는 오래 전부터 대부^{貸付}라고 지칭했습니다.

최근 들어 미국인의 소비생활은 나라를 포함해서 모두 고리대를 바탕으로 성립한 것입니다. 그런데 이제부터는 '빌려준 돈은 떼이고'와 '빌린 돈은 갚지 않는' 경제가 난무하는 운명에 처하게 되었습니다. 그야말로 어처구니없는 대출이 시작되었던 것입니다. 미국을 싫어하는 독자들은 속으로 '꼴좋다'고 생각할지 모르겠습니다만, 그 여파를 생각하면 애기가 달라집니다.

　1912년 4월 14일 세계 제일의 호화여객선 타이타닉호가 빙산에 충돌하여 침몰되었을 때, 가장 먼저 구명보트에 타서 구출된 자들은 1등실 승객이었습니다. 바다 선실에 있던 3등실 승객들은 차례로 차가운 얼음 바다로 몸을 던지고 말았습니다. 이렇게 곤경에 처하면 빈민층이 가장 먼저 희생당한다는 철칙은 오늘날에도 전혀 바뀌지 않았습니다. 미국은 틀림없이 1경 4000조 원을 어느 나라에서 어떻게든 융통하려고 계산하고 있을 것입니다. 따라서 정치인들의 어리석은 언동에 큰 주의를 기울이지 않으면 수많은 국가는 미국의 빚을 대신 떠안게 되고 말 것입니다.

　그런데 금융 비즈니스를 진행하는 곳은 은행, 증권회사, 보험회사 같은 금융기관뿐인 걸까요? 다음 장의 그래프를 한 번 살펴보시길 바랍니다.

　세계 최대의 자동차회사이자 미국 최대의 산업체인 GM의 주가가 급락했습니다. 2008년 11월 19일 3달러대가 무너져 2.79달러로 마감하고, 전 세계 산업계는 자신들도 그 여파에 휩싸이는 게 아닌가 하며 대소동을 벌였습니다. 실제로 도요타를 시작으로 일본의 자동차 제조회사들도 실적이 대폭 하락했다고 보도되었습니다. 일본에서는 "GM의 경영자가 연비 효율이 나쁜 대형차 생산에 빠져들어, 일본처럼 우수한 중소형차 개발을 등한시

GM의 주가
1년에 90% 이상 폭락.
주가가 2달러대로 떨어져 공황상태가 되다. 달러

한 것에 대한 청구서가 돌아왔다"는 평가가 대부분이었다지요. 그러나 단순히 판매부진만이라면, 적어도 현장노동자를 밥먹듯 해고하는 이 미국의 자동차 제조회사의 주가가 3달러 아래로 추락하며 도산에까지 몰리진 않았을 겁니다.

여기엔 다른 이유가 숨어 있습니다. 사실 'GM은 자동차회사' 라는 상식은 틀린 것입니다. 이미 2004년 시점에 GM은 금융자회사인 GMAC이 GM 전체 이익의 64%를 벌어들여 자동차 제조회사라고 말하기가 민망한 수준이었습니다. 이렇게 이야기하면 뜬금없고 잘 이해되지 않을 수도 있습니다만, 일본과도 깊은 관계가 있으니 자세히 말씀드리지 않으면 안 될 것 같습니다.

　2006년 4월 3일, 뉴욕에 있는 하게타카 투자펀드인 서베러스는 GM의 경영부진을 틈타 GMAC 주식의 51%를 매수해서 경영권을 손에 넣었습니다. 하게타카(독수리)라고 부르는 까닭은, 죽은 사체와 다를 바 없는 경영파탄을 맞은 기업을 사들여 고기는 발라먹고 뼈다귀는 다른 기업에 팔아 치워 자신들의 살을 찌우는 데서 그 이름이 유래했기 때문입니다.

　서베러스의 창업자 스티브 파인버그는 아버지 부시 정권 시절 '역사상 가장 인기 없었던 부통령'으로 미국 전역에서 비난받기도 한 댄 퀘일을 국제투자부문 책임자로 영입하고, 아들 부시 대통령의 국방장관인 도널드 럼스펠드를 고문으로 삼아 그야말로 일반인들의 간담을 서늘케 하는 이권 관계를 맺었습니다. 그런 다음 일본의 영향력 있는 장기신용은행인 일본채권신용은행이 부동산을 사들이는 일에 빠져 1998년 부도가 나자, 서베러스는 즉시 일본채권신용은행을 매수해 그 은행에 넣어 둔 시민들의 막대한 세금을 먹어치워 버렸습니다. 그 후 리먼브라더스와 작당해 2000년에 아오조라은행으로 간판을 바꿔 달고 댄 퀘일을 중역에 앉힙니다. 당시 최대 주주는 소프트뱅크였지만, 2003년 소프트뱅크에게서 모두 주식을 사들여 경영권을 장악합니다. 결국 2008년 말부터 아오조라은행은 서베러스의 우산 아래 놓이고 퀘

일이 여전히 중역을 맡고 있습니다. 그리고 GM의 경영위기가 표면화된 2008년 10월 10일, GM이 자회사 GMAC의 잔여 보유 주식 49%를 서베러스에 매각하는 움직임이 수면으로 부상한 것입니다. 결국 그들이 먹어치운 일본 시민들의 혈세는 GM의 금융 자회사인 GMAC를 매수하는 자금으로 쓰였던 겁니다.

애초 서베러스를 움직이는 자금은 기관투자가나 개인 부유층의 자산인데요, 놀라운 사실은 부시 정권에서 서브프라임론을 방임한 재무장관 존 스노가 2006년 6월 29일 백악관에서 퇴임하자마자 10월 19일 서베러스 회장으로 취임한 것입니다. 그 이듬해인 2007년 5월 14일, 서베러스는 대형은행에서 대출한 자금으로 빅3의 하나인 크라이슬러를 사들인다고 발표하고 8월 3일 합병을 완료합니다. 크라이슬러는 1998년 독일의 다이믈러 벤츠에 매각된 후 다이믈러 크라이슬러가 되어 다시금 중흥기를 맞이할 것이라는 기대를 한몸에 받았습니다만, 세속뇌는 석사 누석으로 서베러스에 매각되어 더 이상 뉴욕증권거래소에서 크라이슬러란 이름은 찾아볼 수 없게 되었습니다.

이때 서베러스는 시티그룹, 골드만삭스, JP모건체이스, 모건스탠리 등 쟁쟁한 메이저 금융기관으로부터 자금을 빌렸는데, 그 자금총액 115억 달러(11조 5000억 원)는 2008년 금융기관 부도의 또 하나의 커다란 진원지가 되었습니다. 재무장관 존 스노가

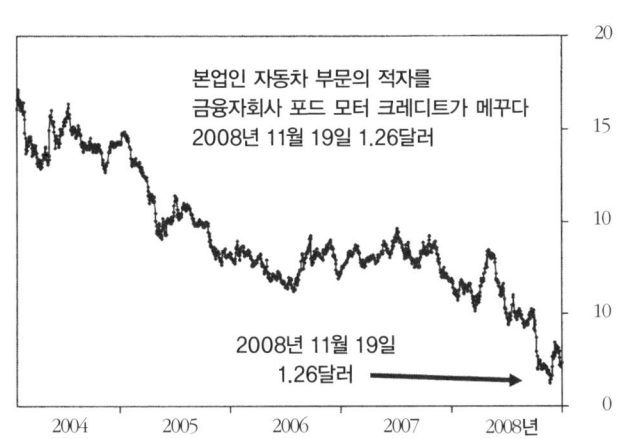

포드의 주가
1달러대로 하락

금융붕괴의 발단을 제공한 셈이나 마찬가지죠.

빅3의 하나인 포드는 어떻게 되었을까요? 포드의 주식도 GM처럼 2008년 11월 19일 1.26달러, 그러니까 겨우 1달러대라는 전대미문의 종잇조각이 되어버립니다. 이미 포드도 몇 년 전부터 본업인 자동차 부분의 적자를 금융자회사인 포드 모터 크레디트가 메우고 있었습니다.

빅3의 경영위기는 '가죽을 벗기면 몸이 드러난다'는 표현대로 금융부패와 종이 한 장 차이밖에 나지 않는 밀접한 관계에 있던 것이 분명하다고 생각합니다. 미국내 언론은 2008년 11월말 시점으로 디트로이트의 자동차 제조회사, 이른바 빅3는 은행 등에 1000억 달러(100조 원) 이상의 부채를 안고 있어서 이자 지불만으로도 허우적대는 상태가 되어 버렸다고 보도했습니다. 월가는 그들이 부채를 갚을 수 있다고 보지 않았고 다들 이런 식으로 주가가 대폭락했기 때문에 그 뿌리는 대단히 심각한 상태입니다.

이 무렵 처음에 말씀드린 대로, 정부가 지원하지 않으면 빅3는 모두 파산해서 그 여파로 수백만 명의 노동자가 실업자로 전락하는 상황을 보여주는 만평이 〈뉴욕타임스〉에 실렸습니다. 이 만평 www.gocomics.com/patoliphant/2008/11/19에는 '경영자도 노동조합도 어리석은 행동으로 연대'라는 글이 적혀 있습니다. 미국 전역에서 쏟아져 나온 경영자에 대한 비난은 새삼스럽지도 않지만, 노동조합까지도 비판의 대상이 되었다는 것이 이 만평에서 받은 놀라움입니다. 그렇게 된 이유는 다른 산업들보다 자동차업계는 노동자에 대한 급여수준도 상당히 높을 뿐 아니라 의료비 등의 사회보장비도 넉넉하게 지불받기 때문입니다.

이 만평 외에도 혈액순환이 나쁜 공룡 GM이 머리를 숙이고 의회에 돈을 달라고 보채자, "우리가 구제해 주면 이제부터 당신은 개과천선하겠다고 약속할 수 있겠는가?"라고 의회가 설교하는 만평도 있었습니다. 그뿐 아니라 빅3의 수뇌가 분위기 파악도 못하고 회사의 초호화 제트기로 워싱턴으로 날아가 의회에 막대한 자금지원을 요청하는 행동 때문에 미국 전역에서 분노로 가득 찬 원성이 끓어오르자, "차가 안 팔려서 비행기도 팔지 못하는 거라니까"라는 말이 실린 자동차회사 관련 만평도 신문에 실렸습니다. 게다가 빅3의 수뇌가 12월 다시 워싱턴으로 돈을 빌리러 가는데, 이번에는 디트로이트로부터 800킬로미터 이상이나 되는 길을 자사의 자동차로 가려고 하자, 고속도로에서 손가락을 들어 히치하이킹을 하며 "도요타 차를 타고 가는 게 좋을 텐데" 하고 중얼거리는 모습으로 자동차회사를 조롱하는 만평도 대문짝만하게 신문에 실리기도 했습니다.

이런 야유를 받은 자동차회사는 오바마가 구제를 공약으로 내걸어 당선된 사실과 떼려야 뗄 수 없는 관계에 있습니다. 그렇기 때문에 GM 회장 리처드 와그너는 2007년 연봉으로 1574만 달러라는 황당하기 그지없는 연봉을 받으며 자신만은 여유롭고 우아한 생활을 보낼 수 있게 된 겁니다.

정부로부터 구제금융을 받게 되면 빅3가 갚아야 할 돈은 더 늘어나 빌린 돈을 갚을 수 없게 되기 때문에 불황에 허덕이는 국민의 세금을 하수구에 쏟아붓는 꼴이 되고 맙니다. 그러니 〈뉴욕타임스〉나 〈월스트리트저널〉 등이 일제히 "파산 후에 재건시키자"는 여론을 펼치고, 또 미국민에게서도 "빅3를 도산시켜 버리자"는 소리가 압도하는 등 고액 연봉과 대형차 제조에 헛된 힘을 쏟으며 방만한 경영을 일삼았던 경영진의 안일한 태도에 분노가 폭발하는 지경에까지 이르고 만 것은 지극히 당연한 일이라 하겠습니다.

그러나 여러 번 보도된 내용 중에서 가장 주목되는 것은, GM을 필두로 미국 자동업계를 엄습한 최후의 경영위기는 바로 자동차의 판매부진에다가 대출 상환주기까지 덮쳐 부채를 청산하지 못한다는 두려움에 진정한 원인이 있었다는 점입니다. 따라서 우리는 그 메커니즘을 알아야 할 필요가 있습니다.

구제금융은 어떻게 진행되었나

미국의 대출 사이클을 간단히 살펴보면 이렇습니다.

미국인 가운데서도 먼저 빈곤층이 은행에서 돈을 빌리는데, 그것도 반환 능력이 없어도 '담보 없이' 호화로운 집 한 채를 살 수가 있습니다. 그렇게 되면 미국인은 주택이라는 신기루 같은 담보를 가질 수 있게 됩니다. 그것을 담보로 이번에는 자동차를 사들입니다. 그러면 자동차라는 신기루 같은 새로운 담보가 또 생깁니다. 그 덕에 마음껏 물건을 사들일 수 있습니다. 그렇게 도가 넘치는 사치스러운 생활을 하면서 주택가격이 올라가면 그 가격 상승분으로 다시 새로이 돈을 빌리는 일이 벌어지게 됩니다. 이는 크레디트 카드 같은 형태로 매일 유쾌한 생활을 마음껏 즐길 수 있는 시스템입니다.

빈곤층에 주택자금을 빌려준 은행은 "빌려준 돈은 우리 은행의 자산입니다. 주택가격은 자꾸자꾸 오르고 있습니다" 하면서 주택자금대출 채권을 증권화하고, 이 새로운 투자상품을 투자자에게 계속 팔면서 전에 없는 폭리를 취할 수 있게 됩니다. 실제로 이렇게 증권화하는 것이 가능해지자 돈 한푼 없이도 이익을 만들 수 있어서 이런 말도 안 되는 투자상품을 사들이는 투자자가 엄청나게 늘어났습니다.

하지만 2007년 여름부터 주택가격이 떨어지기 시작하자, 이 대출 사이클이 맹렬한 기세로 플러스에서 마이너스라는 반대 방향으로 돌아가기 시작했습니다. 이것이 서브프라임론 파탄의 전모입니다. 그러니 주택뿐만이 아니라 다양한 대출상품이 미국 전역의 업계에 온통 스며들어 반환 불능의 대출금이 자동차업계나 소매업계에 널리 퍼진 겁니다. 개인의 신용카드 부도 위험이 거대한 빚으로 마을 구석구석까지 퍼져 있기 때문에, 이것이 잠에서 깨어나기라도 한다면 그때부터 거대한 공포와 불안이 엄습할 것입니다.

문제는 이렇게 막다른 곳까지 몰린 상황에서도 사태는 전혀 해결될 조짐을 보이지 않고 있다는 점입니다. 예를 들어, 전기회사인 GE는 에너지 분야에서는 뛰어난 천연가스 발전기 제조업체로서 현재도 세계 제일의 기술력을 과시하고 있지만, 2007년도 회계 장부를 기준으로 수익을 보면 비은행 자회사인 GE캐피털이 이익의 절반을 벌어들인 걸로 나타나 있습니다. GM이나 포드처럼 금융으로 먹고 사는 기업이 된 것입니다. GE의 금융 부문은 일본에도 진출해서 9조 원으로 일본리스와 소비자금융사 레이크를 인수한 다음 경영위기에 처해 있던 동방생명보험상호회사와 합병해서 보험회사인 GE 에디슨 생명을 설립합니다. 그래서 동방생명은 사실상 소멸되는 운명을 맞이합니다.

하지만 지난 2008년까지 전 세계 기업 중에서 시가총액으로 마이크로소프트 다음이었던 GE도 서브프라임론 붕괴의 여파로 2008년 11월 주가가 급락하는 운명을 맞이합니다. 금융에 손을 내민 세계는 이이에 눈이 멀어 실체도 없는 풍선은 부풀렸던 것입니다. 결국 바늘 끝이 풍선에 닿는 순간 모든 것이 공기처럼 사라져 버릴 것은 자명한 이치였습니다.

이 무렵 등장한 만평은 미국이 대면한 현실과 국민의 심리를 생생하게 보여주고 있습니다. 침몰하고 있는 미국 전역의 주와 도시를 향해 "잠시만 주목해 주시기 바랍니다. 우리의 새로운 선장이 도착할 때까지 조용히 기다려 주시기 바랍니다. 이상."이라고

금융기관의 서브프라임론 손실액

출처 : 블룸버그

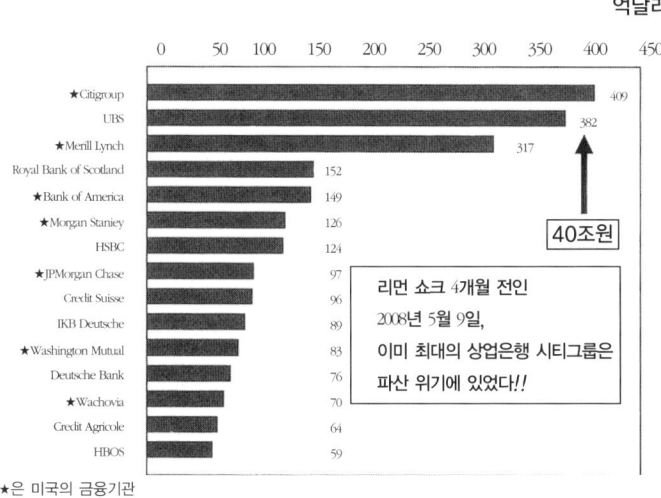

★은 미국의 금융기관

워싱턴 정부가 안내사항을 알리고 있는 만평입니다. 바야흐로 오바마 대통령이 취임할 때까지 손쓸 방법이 전혀 없었던 것입니다. www.gocomics.com/tonyauth/2008/11/19

그러나 버락 오바마는 이 만평이 실리기 3일 전인 11월 16일 TV에 출연해서, '금액이 공란인 백지수표'가 자기에게 돌아오는 것은 맞지 않다며 본인이 대통령에 취임할 때까지 현재의 정부와 의회가 빅3 문제의 해결방안을 찾아야 한다고 주장했습니다. 당연한 말이라 생각됩니다.

그렇지만 미국인들은 대통령 취임식 전에 부시의 퇴임과 오바마 신정부의 발족을 강력하게 원한다는 전례 없는 여론을 만들어 냈습니다. 서브프라임론에 직접 기인하는 금융기관의 손실액을 보면, 리먼브라더스가 파산하기 4개월 전인 2008년 5월 9일에 블룸버그가 발표한 수치로 이미 미국 최대의 상업은행인 시티그룹은 40조 원의 손실을 떠안고 파산의 갈림길에 있었습니다!

그런데 그로부터 반년 후 밝혀진 9월 말 결산에는 시티그룹이 70조 원을 넘고 메릴린치도 30조 원에서 50조 원으로 누계 손실이 늘었습니다. 이처럼 금세 두 배 가까이 늘어났다는 것은 결산보고서의 실제 손실액이 거짓으로 채워졌다는 것을 보여주는 증거입니다.

의심의 눈길이 금융계와 정부기관으로 향하고 있을 무렵, 매스미디어가 손실의 실태를 차례로 폭로했기 때문에 누구의 눈에도 심각한 상황임이 분명히게 드러났고, 11월 21일 시티그룹의 주가는 끝내 3.77달러까지 급락합니다. 이튿날이 되면 종잇조각이 되고 마는 그런 주식을 누가 사려 할까요?

결국 주식의 시가총액은 2년 전의 2440억 달러(244조 원)에서 205억 달러(25조 원)라는, 그야말로 주가의 대부분인 90%가 날아가 버려 1930년대의 대공황을 능가하는 대폭락을 맞이한 겁니다. 미국 제일의 은행이 말입니다. 그 여파로 종업원은 1년 전엔

37만5천 명이었지만 7만5천 명이 실직되어 지금은 30만 명이 되었습니다.

이리하여 그 이틀 후 11월 23일, 미국정부가 20조 원에 달하는 막대한 자금 투입과 300조 원의 보증을 결정하여, 사실상은 완전히 도산한 것과 마찬가지인 시티그룹은 병원 침대에서 생명유지 장치에 기대야 하는 상태에 놓입니다. 그 후 시티의 심장은 조금씩 움직여서 아직 숨이 붙어 있다고 말할 수는 있습니다만, 주가가 10달러에도 미치지 않는 수준까지 다시 떨어지기 시작하여 오바마 대통령 취임부터 1개월 남짓 되는 기간에 1.02달러로 다시 폭락하고 맙니다. 미국은 지금도 다음 대붕괴가 일어날 것인가 아닌가의 벼랑 끝에 서 있습니다.

다시 한 번 말씀드립니다만, 이런 일련의 구제 조치가 진행된 시점에서 자유경쟁의 원리는 흔적도 없이 사라졌습니다. 간단히 말한다면 미국은 자본주의가 붕괴되고 '사회주의'가 되었습니다. 이것은 명백한 역사적 사실입니다. 미국의 미디어가 언제 그 책임자를 규탄할지 지켜보았습니다만, 정부 구제 시책이 발표되기 전날인 22일, 〈뉴욕타임스〉가 '계속해서 자산 가치를 고쳐 쓰는 시티그룹'이라고 날카롭게 비판하면서 그 사태를 초래한 책임자는 로버트 루빈이라고 분명하게 썼습니다. 때늦은 비판이긴 하지만, 가까스로 핵심적인 막후 인물을 거론해서 공격한 것은 중

구제대상 및 내용	2008년 시기	금액
베어스턴스	3월	290억 달러
금융시장	5월	400억 달러
패니메이, 프레디 맥	9월 7일	2000억 달러
AIG	9월 16일	850억 달러
AIG	10월 9일	378억 달러
AIG	11월 10일	270억 달러 도합 1500억 달러
금융안정화 정책	9월 21일	7000억 달러 (10월 3일 의회 승인)
은행과 증권업계 구제		3조 달러 준비
시티그룹	10월	250억 달러
시티그룹	11월 23일	200억 달러 (3000억 달러 보증)
대출 증권 판매	11월 25일	8000억 달러

요한 움직인이라고 생각합니다.

그렇다면 금융 붕괴가 시작된 2008년 미국은 대체 어느 정도 구제자금을 투입했거나 준비했을까요? 그것으로 어느 정도 사태가 호전되었을까요?

그 금액을 한데 모으면 위에 나오는 표와 같이 됩니다. 물론 이만큼으로도 아직 충분하지 않습니다. 빅3가 의회에 요청했던 30조 원의 긴급구제자금이 남아 있기 때문입니다. 실제로는 그것으로도 빅3는 회생할 수 없고 현실적으로 100조 원 이상이 필요할 것으로 보입니다. 궁지에 몰린 주 정부들도 구제에 150조 원이 필요한 형편입니다. 이들을 모두 합친 거의 5조2천억 달러(5200조 원)에 달하는 막대한 자금은 대체 어디서 나오게 될까요?

미국의 국가예산은 모두 얼마일까요? 2008년도(2007년 10월~2008년 9월)를 보면 세입은 2조 5476억 달러, 세출이 2조 9550억 달러로 적자액이 무려 4074억 달러(400조 원)였습니다(참고로 이해 말 발표된 적자 수치는 오바마 취임 직전엔 450조 원으로 바뀌었다는 사실도 덧붙입니다). 한화로 환산해 대략 2600조 원의 수입이 있고, 정확히 그 예산의 두 배 규모의 구제자금이 필요하다는 것입니다. 따라서 버냉키 FRB 의장이 금융계에 1조 5천억 달러 이상의 융자와 1조5천억 달러의 채무보증을 하는 방침을 내세워 조성한 합계 3조 달러가 지금까지 구체화된 구제자금과 중복될 것이기 때문에, 조심스럽게 잡아 그 반만이라도 1년치 예산을 긴급대책으로 마련할 필요가 있습니다.

그럼에도 재무성과 FRB가 거액의 구제자금을 투입할 때마다 투자자들과 미국민은 마음을 놓지 못하고 반대로 의심은 더욱 더 커져만 갔습니다.

"참으로 혹독한 상태가 되는 것이다. 국가는 정말 괜찮을까?"

그에 반해 다음과 같이 말한 투자자도 있었습니다.

"정부가 시티그룹의 우선주를 가지면, 그만큼 우리 투자자의 배당만 줄어들 뿐이다."

11월 25일, 미국 전역에서 171개 은행이 파산 직전의 상태에 있는 것으로 판명되었습니다. 여기에 더해 국민이 떠안는 부채가 커다란 문제로 떠오릅니다. 미국민은 주택가격의 상승분만큼 신용카드로 돈을 빌려 물건을 사들였기 때문입니다. 이렇게 당초 주택가격보다 부채가 더 크게 확대되었기 때문에 그 부채를 미국민은 어떻게 할까, 이것이 현재 전 세계에서 일고 있는 가장 큰 공포입니다. 이런 사람들의 구제에도 2500조 원의 벌충 자금이 필요하다는 관측도 있습니다.

가계의 총소득에서 사회보험료나 세금, 대출이자 지불 등 여러 경비를 공제한 후에 남는 소득을 가처분소득이라고 합니다. 요컨대 자유롭게 쓸 수 있는 자금입니다. 미국인의 가계는 바야흐로 신용카드로 구매하는 방만한 대출을 계속했기 때문에 가처분소득을 30% 이상이나 웃도는 부채를 떠안고 있다고 봐도 좋습니다. 이것은 반환 불능의 부채를 뜻합니다. 사실인즉슨 시티그룹은 신용카드를 대량으로 발행했는데, 그것이 반환 불능이 되어 금융붕괴를 가속화시켰던 것입니다. 문제는 이런 소비자들이 그동안 미국 경제의 70%를 지탱한 주역이었다는 사실입니다.

설상가상으로 2008년 10월, 신규 주택 판매액이 전년 대비 1

년 동안 40% 넘게 감소하고 이와 함께 주택가격도 하락해서 이 악순환에 불을 붙였습니다. 빌려주는 측은 주택에 투자된 자금을 회수하지 않으면 안 됩니다만, 그 대부분이 불량채권화되고 빌리는 쪽의 다수가 빈곤층이어서 빌려 주는 것도 쉽지 않게 됩니다. 저당을 잡혔기 때문에 연말에는 450만 명이 집을 잃을 운명에 처하게 되지만, 오바마 대통령이 중산층의 생활 안정과 빈곤층 구제를 정책으로 내걸었기 때문에 빈곤층으로부터 집을 뺏다시피 해서 홈리스로 내몰기도 어렵습니다. 만약의 경우 그것을 강행한다면 폭동이 일어날 수도 있는 그런 상황입니다. 빌려 주는 측으로서도 어쨌든 개인에게서 담보를 취득할 수 있겠지만, 담보 주택의 가격이 떨어지고 있어서 팔아도 팔리지 않는지라 상황은 더욱 비참하게 되는 것입니다.

미국 부동산시장에서는 당장 벌어질 수 없는 일 같습니다만, 담보조차 마이너스가 된다고까지 말하는 사람이 있습니다. 증권화된 이 주택대출채권은 금융상품이 되어 전 세계에서 판매되었습니다. 이 대출 전체가 금융계의 당사자들도 알 수 없을 정도로 어마어마한 규모로 자기증식해서 결국에는 부채가 부채를 낳는 양상을 띠게 되었습니다. 그 때문에 하나가 파산하면 그 손실이 차레로 세2, 세3의 파산을 불러오고 그 금액은 더욱 커지는 구조가 된 것이죠. 불어난 만큼 이자가 붙은 부채가 부채를 쫓아 끝내 엄

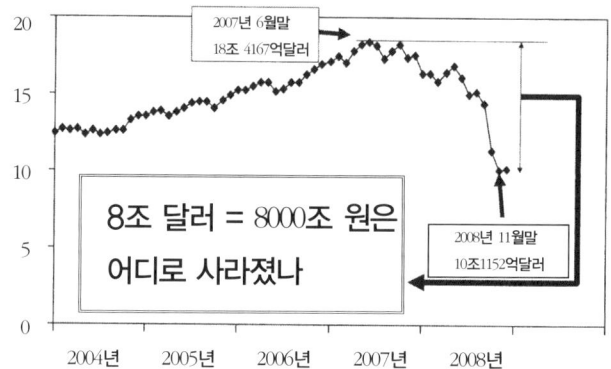

청난 마이너스가 되어 되돌아오는 것일 테지만, 이 부채가 어디까지 확대되고 있는지를 지금까지 어느 누구도 제대로 알지 못하고 있습니다.

이제 위의 그래프를 잠깐 봐주시겠습니까?

월가에서는 주가가 급락해서 뉴욕증권거래소의 시가총액이 2007년 6월말 최고치 18조4167억 달러에서 2008년 11월말 10조1152억 달러로 떨어지고, 그 차액 8조 3000억 달러가 공중으로 날아가 버렸다는 계산이 나옵니다. 증권거래소의 시가총액은 국제거래소연맹(WFE)이 공표하는 수치와 여러 증권거래소가 발표하는 수치 등 두 종류가 있습니다만, WFE 수치는 국내 기업에 한정된 것으로서 뉴욕증권거래소(NYSE)의 시가총액보다 10% 정도 적은 수치입니다. 그래서 여기서는 NYSE의 수치로 그래프를 작성했습니다.

대체 8300조 원이라는 막대한 자금은 어디로 날아간 걸까요? 2007년 헤지펀드 업계에서 37억 달러(3조 7000억 원) 수입을 기록해 조지 소로스를 2위로 밀어내고 최고 자리에 오른 존 폴슨은 원래 부동산으로 재산을 모으고, 또 그 하락마저 예측해 적정한 시점에 부동산을 다시 팔고 난 뒤 손을 뗀 비상한 두뇌의 소유자입니다. 그 1년 동안 그는 60억 달러를 증식해서 총 280억 달러(20조 8천억 원)나 되는 자산을 확보했습니다. 생각해보면 거금을 주머니에 쓸어담다시피 한 이자가 그 돈을 다시 주식시장에 투입하면 원상태로 돌아올 것인데요, 하지만 그는 필시 그것을 어딘가에 숨겨 놓았을 겁니다.

리먼브라더스는 어떻게 부패했는가

지금부터는, 파산하여 이 세상에서 사라져 버린 리먼브라더스에 관해서 말씀드리고자 합니다.

파산된 회사라고 해서 이미 관계가 없어졌다고 생각하면 커다란 오산입니다. 일본의 경제전문가나 기자들은 최근에 새롭게 나타난 사실을 비교·분석하는 것이 뉴스 가치를 높이는 것이라고 믿고 있는 경우가 많습니다. 하지만 세상에 벌어지고 있는 대부분의 중대 사건들은 갑자기 발생한 것이 아니고 그 뿌리가 있습니다. 그러한 역사를 도외시하기 때문에 실제로 벌어지고 있는 사태의 진상을 제대로 보지 못한 채 그저 단편적인 소식과 최신 정보를 전하는 데 급급하게 된 게 아닌가 싶기도 합니다.

지금부터 국제 금융마피아라고 불러 마땅할 이들을 소개할 텐데요, 현재에도 부단히 살아 움직이는 이들 마피아의 세계가 금융계를 좌지우지할 것이기 때문에 아무쪼록 내용을 잘 기억해 주시기를 바랍니다.

2008년 9월 15일 리먼브라더스가 파산했습니다. 여기에 대해 가장 큰 책임을 져야 할 인물은 서브프라임론을 시작하고 부동산 관련 증권을 팔아치운 리먼브라더스의 전 CEO 리처드 풀드입니다. 뉴욕 연방준비은행 이사와 세계경제포럼·비즈니스협의회의 간부까지 지낸 그는 국가재정의 최고 감독자로서 악랄하고 방만한 경영으로 미국 금융붕괴의 방아쇠를 당긴 장본인입니다. 리먼브라더스가 파산하기 1년 전인 2007년에 그의 연봉은 4천5백만 달러(450억 원)나 되었습니다. 1994년부터 CEO 재직 기간 동안

4억9천만 달러, 거의 5000억 원을 벌고서 유유히 자리를 뜬 자가 바로 풀드입니다.

그는 여느 평범한 유대인과는 달리 뒷배가 든든한, '특별한' 유대계 출신입니다. 특별하다는 표현을 쓴 것은 자칫 세간에 횡행하는 미심쩍은 유대계 음모사관과

리차드 풀드

혼동하지 않기를 바래서입니다. 독일 프랑크푸르트 유대인의 역사 기록을 살펴보면, 풀드 가문은 산업혁명 시대부터 유럽의 유력 금융 패밀리였던 것이 밝혀졌습니다. 이 기록은 제가 사료의 엄밀성을 위해 참가한 외국의 고서 경매 시장에서 낙찰 받은, 유대계 역사를 한 가족씩 정확하게 추적해 조사한 대단히 귀중한 고서(1907년 발행)에 나와 있습니다. 유감스럽게도 발행년도에서 짐작할 수 있듯이 그 풀드 가의 후예임이 틀림없을 이자의 출생은 아직 기록되어 있지 않았지만 말입니다.

리처드 풀드는 리먼이 연방파산법 11조를 신청해서 파산한 직후 회사 체육관에서 성난 직원에게 주먹질을 당하고 미국 전역에서 "탐욕에 눈먼 놈!"이라는 호된 비난을 감수해야 했습니다. 파산하기 22년 전인 1986년에 켄 오레트가 쓴《월가의 탐욕과 영광

- 리먼의 몰락》이란 책 제목과 내용에 딱 들어맞는 인물이라고 하겠습니다.

  리먼브라더스의 역사는 원래 독일계 유대인인 레만 가족이 19세기에 미국으로 이주한 데에서 시작합니다. 그 뒤 남북전쟁 전인 1850년 미국 남부 앨라배마에 헨리, 엠마뉴엘, 마이어 레만 삼형제가 설립한 목화거래회사가 이후 리먼브라더스의 모태가 됩니다. 따지고 보면 리먼 가는 흑인노예를 혹사시킨 목화사업으로 성장의 기초를 다진 다음, 친척인 미국 로스차일드 가문의 자금력으로 거대 증권회사로 고속 성장하고, 마침내 국제 금융마피아라는 칭호에 걸맞는 리먼다운 존재가 되었다고 보면 됩니다.

  리먼 일족의 계보도를 들여다 보면 거물급 인물들이 눈에 많이 띕니다, 우선 눈에 들어오는 인물은, JP모건과 더불어 유대계 금융 거두로 월가에 군림한 제이콥 헨리 시프입니다. 리먼 일가와 가까운 친인척인 시프는 러일전쟁 개전 당시 일본의 다카하시 고레키요에게 전쟁자금을 제공한 장본인으로도 잘 알려져 있죠. 제1차세계대전이 끝난 직후인 1918년〈포브스〉가 처음으로 미국내 부호 목록을 발표했을 때, 록펠러, 카네기, 모건, 포드, 밴더빌트, 해리먼, 애스터, 구겐하임, 이스트먼, 듀폰 등 역사상 최고의 부호들과 나란히 이름이 올랐던 자가 역시 시프입니다. 여기에 거론된 부호들은 진짜는 쏙 감춘 오늘날 부질없는〈포브스〉부호 목록과는 차원이 다른 이들로서 미국 근대산업의 토대를 만들어 마치 워싱턴 대통령이나 링컨 대통령 등과 비슷할 정도로 그 이름이 알려졌습니다.

이런 시프가 경영했던 회사가 바로 유대 금융의 핵심 사업체 가운데 하나인 쿤로브라는 머천트뱅크입니다. 나중에 이 회사는 리먼과 합병해서 리먼브라더스 쿤로브가 되기도 했는데요. 참고로 말씀드린다면 이 회사의 중역이었던 데이비드 시프의 아들과 결혼한 이가 공교롭게도 클린턴 정부에서 부통령을 역임한 앨 고어의 딸입니다. 앞서 말씀드린 기후 관련 파생상품은 우연히 나온 게 아니라, 이렇듯 투자비즈니스의 세계와 촘촘히 연결되어 있습니다.

리먼 가와 연결된 또 다른 거물 가운데에는 헨리 모겐소라는 자도 있습니다. 제2차세계대전 당시 미국 루스벨트 정부의 재무장관으로 세계에서 가장 많은 군사비를 움직인 모겐소. 그의 배우자가 바로 리먼 가의 직계였습니다. 이러한 인맥 관계를 알고 본다면, 둘 사이에서 태어나 나중에 맨해튼 지방재판소 판사가 된 아들 로버트 모겐소가 월가의 금융범죄를 능수능란하게 처리한 막후 실세로서 지난 2008년까지 미심쩍은 판결 사건마다 어김없이 등장한 이유도 쉽게 이해하리라 생각합니다.

한편 철도왕으로 불렸던 코넬리어스 밴더빌트의 직계 자손도

리먼브라더스 창업 일족 계보도

1850년에 독일에서 이민해온 헨리, 엠마뉴엘, 마이어 레만 형제가
목화 거래회사로 앨라배마주에 리먼브라더스 설립.
흑인노예들의 노동을 착취하면서 사업의 기틀을 다짐.
친족인 미국 로스차일드 가의 금융력으로 거대 증권회사로 성장.
2008년 9월 15일에 파산한 리먼브라더스의 시초 기업.

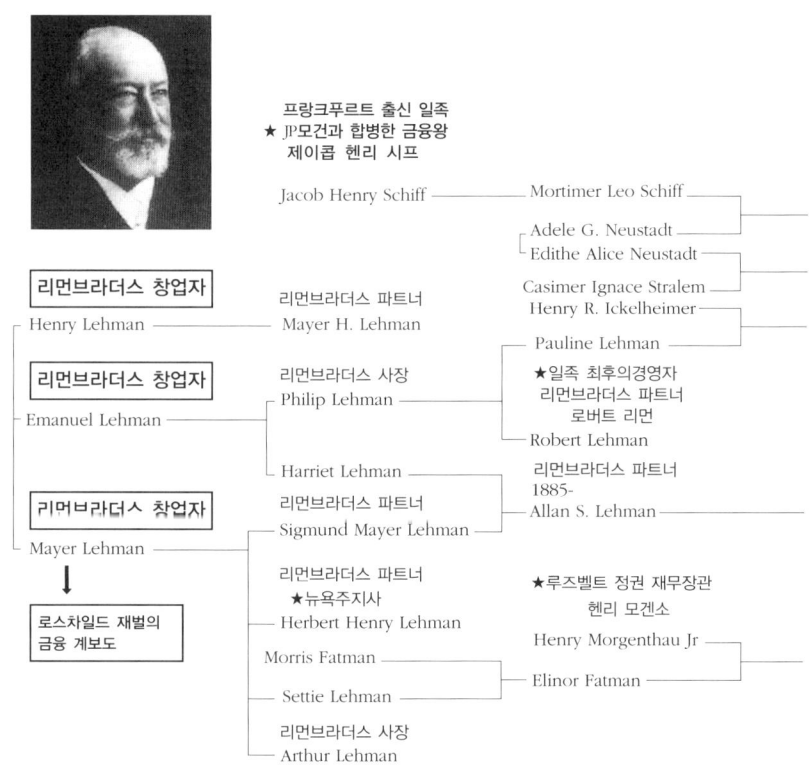

```
아먼드 해머 소유의
옥시덴탈 석유회사 부사장
   상원의원 • 원자력위원                ★부통령 앨버트 고어
    Albert Arnold Gore ────── Albert Arnold Gore Jr ── Karenna Gore ──────┐
      리먼브라더스 파트너              리먼브라더스 • 쿠로브 중역                              │
 ── John Mortimer Schiff ──   ── David Tevele Schiff ──  Andrew Newman Schiff ──┘

 ── Donald S. Stralem ──┐
                        │
 ── Jean Ickelheimerer ──┘
```

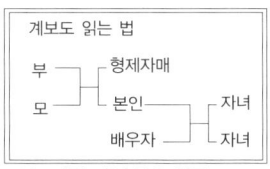

```
 ★전미 제일의 자산가 코넬리어스
       벤더빌트의 직계자손
    ── Wendy Vanderbilt ──┐
                          │
    ── Orin Lehman ───────┘

 ★금융범죄 은폐의 배후
   맨해튼 지방재판소 판사
       로버트 모겐소
 ── Robert Morris Morgenthau
           ⇧
┌─────────────────────────────────────┐
│ 1991년 7월 5일에 이슬람은행 BBCI를 폐쇄시킨 뉴욕 검사장.  │
│ 나중에 맨해튼 지법 판사가 되어 BBCI를 판결.          │
│ 클린턴 대통령 부부의 백악관 스캔들에도 개입됨.          │
└─────────────────────────────────────┘
```

마찬가지로 리먼 가와 혼맥을 맺었습니다.

이처럼 정계에도, 금융계에도, 또 사법계에도 각각의 실력자가 규벌로 촘촘히 엮어진 금융 패밀리가 리먼브라더스였습니다. 하지만 1969년에 일족인 로버트 리먼이 사망하자 리먼브라더스의 동족 경영도 막을 내렸는데, 그 해 리처드 풀드는 리먼브라더스에 입사했습니다. 1973년부터 리먼브라더스의 신임 회장이 된 인물은 닉슨 정부 당시 상무장관이었던 피터 피터슨입니다. 1985년에 기업 인수합병 전문 사모펀드인 블랙스톤 그룹을 설립해 월가 부호 순위 상위권에 등재되기도 했던 대단한 자죠.

그런데 이 인물이 2003년에 FRB 인선위원회 위원장의 권력을 쥐고서 뉴욕연방은행 총재에 앉힌 인물이 누구인지 아십니까? 바로 티모시 가이트너입니다. 놀랍지 않습니까? 오바마 정부의 재무장관으로 취임한 인물이 가이트너요, 앞에서 언급했듯 뉴욕연방은행에서 또 이사를 지낸 이가 탐욕에 눈이 먼 리처드 풀드였습니다. 이토록 '묘한' 인선을 단행한 오바마 정부에 관해서는 뒤에 가서 다시 얘기하도록 하고, 마지막으로 리먼브라더스에서 주요 간부였던 또 다른 인물들도 간략하게 소개하겠습니다 .

- 제프리 카딘 (최고 간부) : 상무차관을 지낸 다음 CIA에 들어가 일본에 관한 수상한 내용의 보고서를 작성.

- 리처드 홀부르크 (임원) : 클린턴 대통령이 보스니아 평화공작을위해 파견한 국무성 외교관. 클린턴 선거참모였던 프랑스 대사 파멜라 해리먼을 사적으로 호위하고, 지미 카터를 대통령으로 만든 막후 인물.
- 브랜트 스코크로프트 (중역) : 키신저 어소시에이트 부회장. 아버지 부시 정부에서 국가안보담당 대통령 보좌관을 지냈고, 1999년 유고 내전 당시 지상군 즉각 파견을 주장한 위험인물.

이런 인물들을 휘하에 거느리고 있었던 곳이 리먼브라더스입니다.

덧붙여 리먼브라더스는 2002년에 주가가 반드시 상승할 것으로 알려진 초우량 신규 상장주를 거물 투자자에게 먼저 소개시켜주고, 그 대가로 투자자는 대규모 비즈니스 거래를 선물처럼 건네주는 범죄로 크레디트 스위스 퍼스트 보스턴, 메릴린치 등과 함께 엄청난 액수의 벌금 지불을 명령받은 적이 있다는 말씀도 드립니다. 요컨대 리먼의 금융부패는 이번이 처음이 아니라는 것이죠.

그렇다면 사회 제도 어디에 결함이 있었기에 대부호에서 빈민층에 이르기까지 미국 사회 전체가 금융부패에 빠지게 된 것일까요?

무엇이 투기열풍을 조장했는가

앞서 말씀드렸습니다만, 일본의 TV와 신문이 대단히 중요한 사항임에도 전혀 언급하지 않고 있는 것이 있습니다. 미국에서 금융손실이 나라 전역으로 확대된 원인이 '은행과 증권회사를 분리해야 한다'고 법률로 제정한 글래스-스티걸 법이 알맹이가 쏙 빠져 사실상 철폐된 데에 있다는 것이지요.

이 법은 1929년에 발생한 이른바 '검은 목요일' 사태로 실추된, 투자자로부터의 신뢰 회복을 위해 증권법에 이어 1933년 6월 시행된 은행법에 의거해 은행과 증권회사의 겸업을 금지한 제도입니다. 법 제정을 주도한 두 명의 의원 이름을 따 글래스-스티걸 법이라고 부르는데요, 이 법에 따라 당시 미국 제일의 금융재벌인 JP모건 사에서 분리되어 생긴 것이 투자은행 모건스탠리였습니다. 그런데 이 법이 어떻게 해서 폐지됐을까요?

클린턴 정부 말기인 1999년 11월 12일, 은행과 증권회사의 겸업 금지라는 중요한 법률을 66년 만에 폐지하는 '금융서비스 근대화법'을 발효시키며 금융부패를 조장한 주역들은 재무장관 로버트 루빈과 그 아래서 재무차관을 지낸 로렌스 서머스, 그리고 그들과 한 팀을 이룬 FRB 의장 앨런 그린스펀 등 월가의 감독관들이었습니다. 어처구니없게도 부정 행위를 감독하고 규제해야 마땅할 이 3인이 스스로 규제의 사슬을 걷어치워 버리고, 월가의 난폭한 말들이 사족을 못 쓰며 좋아하는 수익을 미끼로 앞세우고는 그 말들의 엉덩이에 마음껏 채찍을 내리쳤던 것입니다.

일본의 경제전문가나 기자들은 이 일에 전혀 관심을 두지 않았지만, 이것은 제가 몇 해 전에 쓴 졸저 《금융제국》에서도 그 과정을 자세히 다뤘다시피 세기의 대사건이었습니다. 이 법률의 폐지가 세상 어디에도 없던 버블을 불러왔기 때문인데, 오죽하면 헤지펀드의 제왕 조지 소로스가 "내 생애 최고의 슈퍼 버블"이라고 표현했겠습니까.

미국에서는 이를테면 투기나 투자에 전혀 인연이 없는 빈곤층의 돈이라도 일단 은행에 예금되면 신용카드 등 다양한 형태로 일반 상업은행의 문을 뚫고 빠져나갑니다. 예금을 맡은 은행들이 투자를 해도 좋다고 허락한 것이 루빈과 그린스펀 같은 자들이 만들어낸 새로운 시스템이기 때문이죠. 그렇게 미국 전역에 가득 차서 넘쳐 나는 모든 자금이 상업은행을 거쳐 월가의 투자업계로 흘러 들어가는 장치가 만들어진 것입니다. 그뿐만이 아니라 상업은행이 투자업계에 진출하여 초대형 자본이 형성되는 것에 대응하여 증권회사들 역시 스스로 헤지펀드가 되어 고위험-고배당이란 위험한 길로 한꺼번에 몰려갔습니다.

이렇게 되면 은행업계와 증권업계 사이에 치열한 이익쟁탈전이 벌어질 수밖에 없겠지요. 은행들의 입장에서는 그동안 외면해 오던 고위험-고배당의 헤지펀드마저도 경쟁자를 쓰러뜨리기 위한 매력적인 투자처로 보이는 것도 당연할 겁니다. 이 때문에 금융계는 완전히 투기의 온상으로 바뀌어 갔고, 일반인들도 이를 쫓아 급기야 섬뜩하고 위험한 메커니즘이 나라 전역에서 작동하기에 이른 겁니다.

그 결과 어떤 일이 벌어졌을까요? 당시 〈뉴욕타임스〉에 실린 만평 그대로입니다. 노인이나 신체장애인이 자신의 연금이나 또는 얼마 되지 않는 생활자금과 재산을 '국영 도박판'에 투자한 겁니다. 이 만평 www.gocomics.com/tonyauth/2008/10/28은 그 같은 미국 시민의 어리석음을 비애 섞인 눈길 대신 희극적이면서도 음울한 모습으로 그려내고 있습니다만, 무지한 대중을 그렇게 만들어 버리고 노인이나 신체장애인의 재산까지도 비털털이로 만들어 버린 금융감독관들의 범죄는 정말이지 절로 공분을 자아냅니다.

그런데 여기, 그러한 투기열이 초래한 또 하나의 중대한 결과가 있습니다. 글래스-스티걸 법이 폐지되고 난 이듬해인 2000년은 미국의 상위 1% 부유층이 미국 전체 부의 20%를 점한 상태가 됩니다. 국민의 절반인 6400만 세대 하층민의 점유율이 13%에 불

미국은 상위 1%의 부유층이 국민의 절반 이상을 점하는 하위층 자산의 두 배 가까이를 소유하고 있다

출처 : 미국 재무부 통계

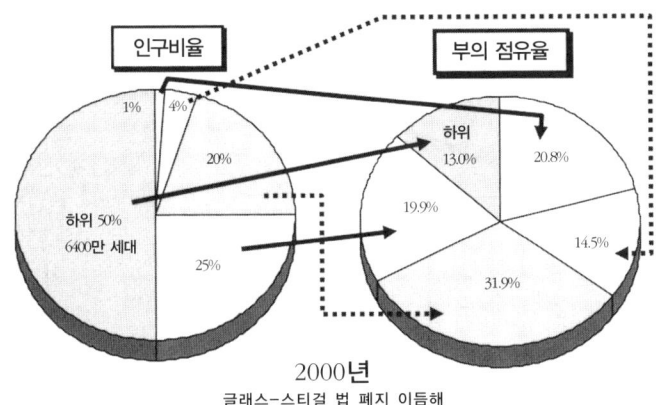

2000년
글래스-스티걸 법 폐지 이듬해

과하다는 걸 감안한다면, 1% 부자들이 전체 하층민의 두 배에 육박하는 자산을 소유하는 극심한 빈부격차가 발생한 것입니다. 거기에 상위 5% 부유층의 자산을 계산하면 그 합계는 미국 전체 부의 35%를 점하여, 국민의 대부분을 점하는 인구 75%의 총자산이 차지하는 비율 33%보다 많습니다.

주의해야 할 사실은 이런 빈부격차의 급속한 확대가 아들 부시 정권에 들어서 그랬던 것이 아니라 그 전인 클린턴 정부 시절에 그랬다는 점입니다. 아니, 그 이력과 영향력을 감안한다면 차라

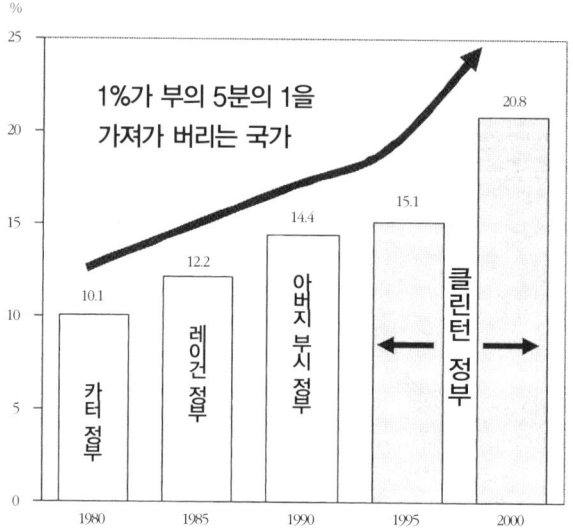

상위 1%가 점하는 부의 점유율

출처 : 미국 재무부 통계

리 빌 클린턴을 조종한 퍼스트 레이디 힐러리 클린턴 시대라고 부르는 것이 더 어울리겠죠.

어쨌든 2000년이 막을 내리고 이듬해인 2001년부터 사고력에 심각한 결함이 있다는 평판을 받고 있던 인물이 백악관의 주인이 되었습니다. 아들 부시는 대통령에 취임하고 얼마 지나지 않아 부유층을 더욱 우대하는 조치로 유산상속세 폐지방침을 세우고, 여기에 민주당 의원의 4분의 1 이상이 찬성하는 법안이 만들어져 빈부격차에 더욱 박차가 가해집니다. 부시의 지지율이 추락한 것은 물론입니다. 그러나 9월 11일, 월가의 아성인 세계무역센터가 붕괴되는 미증유의 사건이 뉴욕을 급습하자, 부시는 갑자기 '복수를 다짐하는 미국 최고사령관'이 되어 인기가 급상승하고, 그와 동시에 지구상에서 이성과 지성이 있는 사고는 거의 사라져 버리고 말았습니다.

마치 정신없는 피투성이 시대에 돌입한듯한 이 해 〈포브스〉에 실린 미국의 톱 부호 400인의 자산 합계는 9464억 달러, 거의 1000조 원 가까이에 달했습니다. 그런데 거기서 끝난 게 아닙니다. 그 뒤 7년간 이들 400인의 자산은 6265 달러(630조 원)이나 더 증가했기 때문입니다. 결국 2008년도에 〈포브스〉에서 집계한 미국 톱 부호 400인의 자산 합계는 총 1조 5729억 달러, 한화 기준으로 1인 평균 4조 원이라는, 마치 이상한 나라의 앨리스조차도 깜짝 놀랄 불가사의한 미국이 되고 말았습니다.

〈포브스〉가 분류한 이들 부호 400인의 수입원을 조사해 보면 29명이 헤지펀드, 19명이 레버리지 및 바이아웃 관련, 40명이 부동산, 투자가가 47명, 그리고 유산상속인이 20명 등 불로소득자가 다수이고, 무엇보다 이들을 지원하는 은행가가 9명이나 포함되어 있습니다.

이 400인의 대부호 가운데 한 사람이 다름 아닌 2008년 대선에서 오바마의 전국 모금을 책임지는 회장으로 금고를 맡았던 여성 실업가 페니 프리츠커입니다. 당시 그녀는 인터넷을 통해 젊은 이들로부터 소액을 모으는 식으로 결국 막대한 자금을 만들어 오바마를 승리로 이끌었죠.

프리츠커 가는 하얏트 호텔에서 카지노까지 복합대기업을 경영하며 〈포브스〉 부호 순위에 무려 16명이나 이름을 올렸던 초부호 가문으로 유명한데, 본래는 우크라이나에서 이주해온 유대인의 후손인 에이브러햄 프리츠커가 시카고를 거점으로 부동산 투자업에 진출해서 막대한 이익을 거둔 것이 시작이었습니다. 그렇게 벌어들인 자산은 재벌이 유산을 상속할 때 곧잘 이용하는 수단인, 버뮤다 등의 조세피난처에서 트러스트(기금)를 운영해 교묘하게 납세를 피하면서 더욱더 불어갔습니다. 그 뒤 에이브러햄의 세 자식인 제이, 로버트, 도널드가 사업을 이어받아 패밀리 비즈니스를 진행합니다. 1957년엔 샌프란시스코 호텔을 사들이고, 다양한 제조업체를 설립해서 복합대기업을 만들어 내고, 나아가 마몬그룹을 일으켜서 목재부터 철도, 화물, 레저 산업 등으로 사업을 확장해 나간 것이죠.

2007년 크리스마스 때, 프리츠커 일족이 소유한 이 마몬 그룹의 주식을 워렌 버핏이 운영하는 버크셔 헤서웨이가 45억 달러에 인수한다고 발표했습니다. 버핏은 묘한 인물입니다. 나중에 또 등장하는 것처럼, 오바마가 대선 승리 후 발족시킨 정권인수위원회에서 경제고문위원을 맡은 이가 버핏이었습니다. 한편 리먼브라더스 파산에 따른 금융 불안으로 골드만삭스가 경영위기에 몰렸을 무렵, 골드만삭스의 증자 계획에 자금을 보내겠다고 곧바로 약속한 50조 원대의 자산가가 또 그였습니다. 오바마를 에워싼 부호 세력이 차례로 그 모습을 드러내고 있습니다.

자, 이쯤에서 하나의 의문이 떠오릅니다. 국민 누구나가 투기열에 달아오르면 주택가격이 자꾸 상승하고 경제성장이 계속되는 동안 모든 국민의 소득이 증가해야 할 것입니다. 그런데도 왜 그렇게까지 빈부격차가 벌어졌던 걸까요? 사실 부시 정권의 2002~2006년 사이 최상위 1%의 실질 소득은 연평균 11%나 상승했습니다. 한편 같은 기간 나머지 99%에 해당하는 이들의 가계 성장률은 연평균 0.9%에 지나지 않았던 겁니다. 여기엔 일본에서도 똑같이 빈곤층과 중산층을 기만한 메커니즘이 있기 때문에 그 수수께끼에 대해 확실하게 풀고 넘어가야 하겠습니다.

먼저 한 해에 생성된 미국 전체 부의 총량을 100으로 놓습니다. 그런 다음 100의 부를 100명으로 나눌 때, 1인당 평균 부의 증식 방식은 지금의 평균 소득 신장률로 계산하면, 부유층 1%와 나머지 99%가 속한 다음 장의 첫 번째 그래프 처럼 됩니다.

99%의 사람들은 연평균이 정말 얼마 되지 않는 0.9%만이라도

처음 100의 부를 100으로 나눴을 경우 1인당 평균 부의 증가

◆척도를 다르게 했을 경우◆

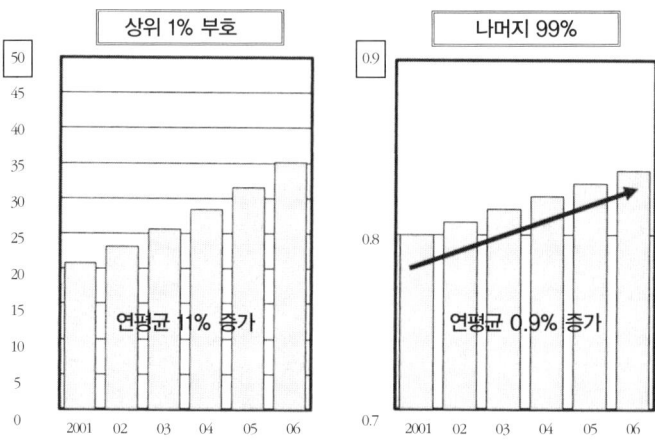

◆척도를 같게 했을 경우◆

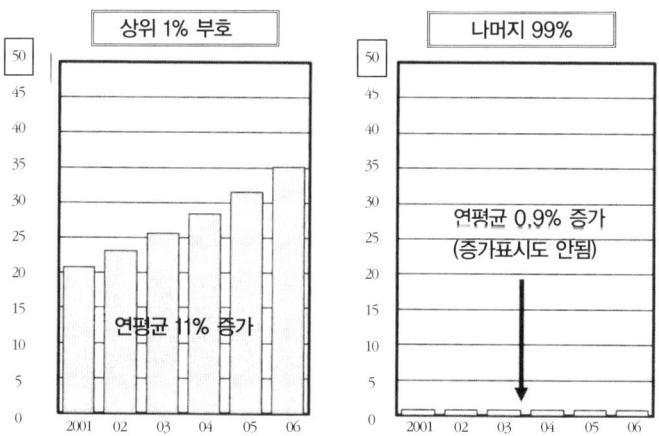

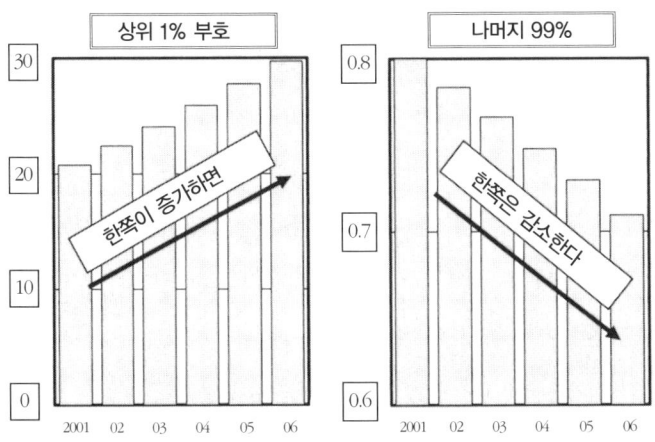

증가해도 '나도 재산이 늘고 있다'고 느낍니다. 나아가 그들은 수입이 감소하더라도 그다지 토를 달지도 않을 사람들입니다. 그런데 부유층 1%와 나머지 99%를 나타내는 두 장의 그래프는 눈금의 스케일이 전혀 다른데요, 똑같이 올라간 것이 아니기 때문에 이것을 같은 스케일로 그리면 99% 사람들의 그래프는 두 번째 그래프에서 확인할 수 있듯이, 그 상승이 보이지도 않을 정도로 적음을 알 수 있습니다.

그렇다면 최초 합계 100의 부를 100인으로 나누지 않고, 매년 그 해까지 합산한 100의 부를 100인으로 나누면 어떻게 될까요?

부유층 1%는 최초의 부가 매우 높고 그 상승률도 마찬가지기 때문에 미국 전체 부 가운데에서 차지하는 비율은 계속해서 올라갑니다. 그런데 나머지 99%는 미국 전체 부에서 차지하는 배당이 감소하기 때문에 당연히 각각의 해마다 차지하는 비율도 계속 감소하고, 그것을 99인이 서로 사이좋게 나누면 1인당 차지하는 비율도 계속해서 감소합니다. 본인은 '늘고 있다'고 느끼지만 빈곤층은 부를 부유층에 뺏기면서 더욱 빈곤하게 되는 것입니다. 이렇게 차이가 늘어 가는 것이 빈부격차의 원리입니다. 사실 간단한 경제원리입니다. 그런데도 지금까지 경제학자들은 이를 제대로 알려줬을까요?

사실 극심한 빈부격차는 일본은 물론이거니와 경제발전이 두드러진 신흥국 BRICs(브라질, 러시아, 인도, 중국)을 포함해 대부분의 나라에서 동일하게 진행되고 있는 심각한 신자유주의 현상입니다. 하지만 상당수의 경제전문가나 언론 매체는 국내총생산(GDP)만을 곧잘 비교하거나 경제성장률만이 국민 생활의 지표인 것처럼, 아니면 부유층 증가나 평균치를 가져와 그것이 경제발전의 성과라고 치켜세웠습니다.

모든 나라에서 빈부격차가 벌어지고 있는 것은 따로 확인해 볼 필요도 없는 현실이지요. 대부분의 사람들은 자국 내에서 살아가고 있습니다. 그 나라의 있는 자와 없는 자 사이에 상대적인 차이가 생기게 되면, 없는 자의 생활고는 반드시 커질 수밖에 없습니다. 일본의 경우를 보더라도 언제부턴가 대부분의 사람들이 "사는 게 힘들다. 앞날이 불안하다. 어떻게 하면 좋을지 모르겠다"고 토로하는 데 비해, 정부와 경제계와 매스미디어는 "전에 없는 호황이 계속되는 일본"이라는 괴이할 정도의 경제지표를 태연하게 발표하고 있습니다.

역사를 한번 거슬러 올라가 보겠습니다. 산업혁명과 프랑스대혁명 시대부터 지구상에는 그때까지의 봉건사회와는 다르게 새로운 산업이 초래한 빈부격차가 급속도로 확대되었습니다. 이때 밑바닥 육체노동자의 분노에 대해서 거대 자본이 주장했던 것은, "국내의 대기업이 발전하면 국가 전체의 경제도 발전하게 되어 모든 국민이 풍요롭게 된다"는 속임수였습니다. 결국 지금 우리가 보고 있는 것은 역사적으로도 유서깊은 사기의 재현일 따름입니다. 경박한 자들이 그 당시 자본가들의 주장을 지금까지도 대대적으로 받아들이고 있는데, 이들은 대개 거시경제주의를 신봉하는 사이비 학자들입니다. 그런 사기의 결과가 오늘날 일본을 비롯한 세계의 익숙해진 모습이고, 그 와중에 미국에서 금융부패의 탁한 물이 솟아나 흘러넘치고 있는 것입니다.

미국 중산층의 평균 수입은 2007년 6만 달러(6천만 원)였지만, 헤지펀드 경영자 상위 25명은 가장 적게는 그 6천배인 3억 6천만 달러(3600억 원)나 되고, 그들은 5년 전인 2002년에 비해서 18배나 수입이 증가했습니다. 헤지펀드 경영자 상위 50명까지 수입을 합하면 290억 달러(29조 원)로 1인 평균 5800억 원이나 되는데요, 이는 최고 경영자에게만 해당되고 펀드업계 직원들의 수입은 포함되지 않은 수치입니다.

  이들 헤지펀드는 원유, 밀, 구리 등의 원가를 조작하고 전 세계로부터 이익을 거둬들였습니다. 그렇다면 과연 누가 이런 세계를 만들어 냈는지 그 실명을 거론해 보기로 하겠습니다.

2장
수수께끼의 인맥 사슬

로버트 루빈과 로렌스 서머스

어느 면에서 보더라도, 슈퍼 버블에 의한 금융붕괴를 초래한 가장 큰 책임자 가운데 한 사람은 재무장관 로버트 루빈입니다. 그가 벌인 행위 가운데에서 가장 먼저 지적해야 할 것은 일찍이 시카고선물거래소와 뉴욕선물거래소 이사로서 미국 전역에 선물거래를 만연케 한 데 있습니다.

선물거래는 영어로 *Futures*라고 부르는 데서도 알 수 있듯이 앞으로 정해진 어떤 날, 이를테면 1개월 후나 2개월 후에 곡물, 원유 등의 특정 상품이나 환율, 주가 등의 경제지표를 정해진 수량과 정해진 가격으로 매매한다고 사전에 계약을 맺는 것입니다. 결국 미래 가격의 높고 낮음을 예측해서 그것에 거는 도박인 셈인데, 구매가격보다 예측가격이 높을 경우에는 그 차액을 벌게 되고 예측가격이 낮을 경우에는 그 차액을 지불해야만 하는 구조입니다. 그러나 이것으로 모두 이해했다고 생각해서는 안 됩니다. 선물거래를 하지 않는 사람의 시각에서 본다면, 인간이 살아가는 데 왜 이런 계약이 필요할까 하는 의문이 자연스럽게 솟아납니다. 찬찬히 생각해 보면, 이 선물거래를 통해 아무런 의미도 없는 행위가 '이익'을 만들어낼 가능성이 생기게 된다는 것을 알아차릴 수 있습니다.

빠친코도, 복권도, 화투도, 경마도 모두 개인의 쾌락이나 소박한 일확천금의 꿈을 대변하는 것으로 하고 싶은 사람이 한다면 그것으로 그만입니다. 그러나 선물거래는 야쿠자가 도박장을 열어 홀짝 노름을 하는 것과 다를 바가 없습니다. 이 도박장은 수많은 나라들의 명맥을 좌우하는 곡물가격이나 환율, 주식 또는 화학공업재 생산과 운송수단인 트럭, 어선, 자동차 등의 필수재인 석유의 가격을 도박 대상으로 하고 있습니다. 정상적인 시각에서 바라보면 가당치도 않은 협잡인 셈이죠.

게다가 한 걸음 더 나아가 생각해 보면, 이들 패거리가 '어떻게 돈을 버는가'라는 의문이 이어집니다. 일반적인 도박은, 라스베이거스나 모나코의 카지노든 복권이든 빠친코든 주인이 100% 노름판의 이익을 얻고, 도박을 좋아하는 인간들은 끝내 손해를

로버트 루빈

보는 확률로 되어 있습니다. 그래서 그런 산업이 성립되는 것입니다. 그러나 선물거래에서는 도박거래를 하는 당사자인 도박꾼이 이익을 손에 넣습니다. 그것도 은행 금리를 훨씬 웃도는 터무니없는 이익을 단기간에 말이죠. 따라서 장래 예측가격은 저들 도박꾼의 집단적이고 암묵적인 합의 아래 형성되고 있다고 단언해도 좋을 것입니다.

선물거래는 실제 상품 거래업자의 손이 미치지 않는 세계에서 거의 모두 투기업자에 의해 지배되고 있습니다. 요컨대 원유가격은 석유업자가 아닌 거금을 지닌 헤지펀드 등의 국외자가 움직이는 것입니다. 그 때문에 상품가격은 그들에 의해서 부당하게 급등하거나 폭락합니다.

이와 같이 지금까지 인류에게 생활필수품으로 존재하지 않았던 가공의 숫자를 주고받으며 무에서 유를 만들어 내는 것이 파생상품 derivative이라 불리는 금융상품입니다. 결국 선물거래도 파생상품 가운데 하나인 셈인데, 디리버티브란 본래 화학용어로서 어떤 화합물로부터 다른 화합물을 만들어 내는 유도체를 의미합니다. 하지만 지금의 슈퍼 버블을 만들어낸 시장에서는 투기꾼이 타인의 돈을 빌려 그것을 파생금융상품이라고 이름을 붙여 사고팔기를 되풀이하는 것으로 실제 가격과는 동떨어진 거액의 가격으로 계속해서 부풀려져 움직이는 현상을 의미합니다. 오아시스마냥 사막에 홀연히 나타났다 사라지곤 하는 금융계의 신기루나 다름없는 것이죠.

이 도박에는 규칙이 있습니다. 채권이나 증권, 원유나 곡물 등의 상품이나 권리를 매매하는 자들은 장래의 가격변동 리스크를 피하기 위해(이런 위험회피 혹은 위험분산을 헤지라고 부릅니다) 매매자산 가운데 일정한 비율의 금액을 공탁금으로 내고 일정폭의 가격변동 리스크를 타인에게 양도하는 일종의 손해보험계약이라고 설명하고 있습니다. 마지막 부분이 보통 사람들로서는 이해되지 않는 부분인데요, "가격의 변동에 따라 이러저러한 이익이나 손실이 나온다"며 내기를 하지 않겠냐고 꾀어 투자자로부터 돈을 끌어내고 파생금융상품의 리스크에 가격을 붙여 전매하는 사기라고 말해도 좋을 겁니다.

파생금융상품은 리스크가 높을수록 이익률이 높도록 설계되어 있습니다. 실제로 헤지펀드들은 과거 수년간 터무니없는 이익률을 달성한 실적이 있습니다. 그 때문에 은행을 비롯한 금융기관에서 자산 운용을 맡은 자들은 생활자금과 연기금 등 일반 서민들의 귀중한 돈을 맡고 있다는 책임을 망각하고 어떻게 해서라도 헤지펀드의 고위험-고배당 방식의 투자에 끼어들어 자산을 늘리고 싶다는 유혹에 빠집니다. 물론 위험성이 높은 만큼 높은 수익이 기대되겠죠. 하지만 결국엔 같은 갬블러끼리 고액상품으로 거래하고, 사회적으로는 투자업계에 엄청난 리스크를 만들어 내며 전체 서민생활을 대혼란으로 몰아넣고 맙니다. 그런 위험이 이번에 한꺼번에 터져 버린 겁니다.

로버트 루빈에게 물어야 할 두 번째 책임은, 1990년부터 골드만삭스의 공동회장으로 취임해서 문자 그대로 투자은행계를 주름잡으며 미국 국내의 투기열을 부채질한 데 있습니다. 게다가 이자는 월가의 권좌에 취임하기까지 양다리를 걸쳤는데요, 월가의 금융을 규제하는 직책인 증권거래위원회의 고문을 맡음과 동시에 연방준비제도이사회의 국제자본시장 고문위원으로서 정부의 규제를 완화시키는 데 일조했다는 사실이 그것입니다.

이것으로 끝이 아닙니다. 루빈의 세 번째 책임은, 소련 붕괴 후 러시아에서 옐친 대통령이 그를 러시아 민영화의 경제고문으로 임명하고 국내 투자 비즈니스를 위탁한 결과, 민영화에 갓 접어든 러시아 국내에서 그의 후원을 등에 업은 투기꾼들이 판치며 온갖 도둑질을 일산아 결국 러시아 경제를 파탄 직전까지 몰아넣은 데 대한 것입니다. 헤지펀드의 제왕 조지 소로스가 궁지에 몰린 옐친 정부에 1억 달러를 기부해서 금융계를 깜짝 놀라게 한 사건도 그 무렵에 발생한 일이었죠.

루빈의 네 번째 책임은, 1993년~1995년엔 클린턴 대통령의 경제담당 보좌관을, 그리고 1995년부터는 재무장관에 취임해서 빈부격차를 급속도로 확대시킨 데 있습니다. 부패한 대형 헤지펀드인 롱텀 캐피털 매니지먼트(LTCM - 장기자산관리회사)가 1998년 파산했을 당시, 루빈은 금융투자업계를 총동원해 이를 구제하기 위해 빌린 돈을 밑천으로 헤지펀드를 만들어 투기를 저질렀지만 아무런 규제도 받지 않고 그 후에도 광대한 버블 투기를 월가에 만연시켰던 것입니다.

루빈의 다섯 번째 책임은, 1999년 재무차관 로렌스 서머스와 함께 금융서비스 근대화법을 제정해 결국엔 은행과 증권회사의 겸업을 금지한 글래스-스티걸 법을 폐지함으로써 상업은행이 투자자에게 증권을 판매할 수 있도록 법을 개악시킨 데 있습니다. 이것이 앞서 말씀드렸듯이 슈퍼 버블의 자금공급 시스템이 되어 가장 중요한 동력으로 작동했습니다.

그뿐이 아닙니다. 루빈이 여섯 번째로 책임져야 할 사실이 또 있습니다, 글래스-스티걸 법을 폐지시키고 난 직후인 1999년에 백악관에서 나와 미국 최대의 상업은행 시티그룹으로 이직해서 막대한 스톡옵션을 챙기며 달콤한 꿀물을 마셨던 사실이 그것입

폴 새뮤얼슨　　　　　　　　로렌스 서머스

니다. 혹자는 그게 무슨 책임씩이나 질 문제냐고 반문할지도 모릅니다. 하지만 다음 사실을 알고 나시면 수긍이 가실 겁니다. 이적한 그해부터 서브프라임론 붕괴가 일어난 2008년 8월까지 9년간 시티그룹 경영위원회 회장으로 재직한 그는 서브프라임론을 중심으로 하는 고위험 금융상품에 전폭적으로 투자한다는 경영방침을 계속해서 밀어붙이던 끝에 결국 2008년 11월 시티그룹을 파산 직전 상황까지 몰아갔기 때문입니다.

징계와 금융계의 고위직을 두루 거치는 가운데 이만큼 노골적으로 투기꾼의 방패막이 되어주고, 더욱이 스스로 거물급 투기꾼이 된 자는 찾아보기 힘들 것입니다. 시티그룹 파산 후에 비로소 미국의 미디어에서 루빈에 반대하는 비판이 다뤄진 것은 제가 보기엔 너무 뒤늦은 일이라고 봅니다. 본래는 클린턴 정부의 재무장관으로 취임했을 때 제대로 비판을 받아야 했던 겁니다.

그 다음 책임자는 이런 루빈 밑에서 재무차관을 역임하고 루빈 퇴임 후 재무장관이 된 로렌스 서머스의 '서클'입니다. 사상 최연소 하버드 대학 교수로 취임한 서머스는 1991~1993년 세계은행 수석 이코노미스트를 거치고 난 뒤 재무차관보가 되어 자유무역과 세계화의 확대를 일관되게 주장한 인물입니다.

이자는 케네디 정부 때 경제고문을 지낸 노벨경제학상 수상자 폴 새뮤얼슨의 조카이기도 한데요, 여기서 또 짚고 넘어갈 사람이 있습니다. 다름아닌 새뮤얼슨 이론 연구자인 하버드 대학의 경제학자 로버트 머턴과 스탠퍼드 대학의 마이런 숄즈입니다. 기이하게도 머턴과 숄즈는 1997년에 노벨경제학상을 공동수상하기도 했었는데요, 이 두 사람이 앞서도 말한 부패할대로 부패한 대형 헤지펀드 LTCM의 경영진이 되고 마침내 1998년 파산해서 일반 투자가들에게 전에 없는 손실을 입힌 장본인이라는 사실을 놓치지 말기를 바랍니다.

제가 '서클'이라는 표현을 쓴 이유가 이 때문입니다. 저들은 투자자에게서 모은 22억 달러를 담보로 은행에서 120억 달러를 빌려 증권을 사들이고, 그 다음엔 그것을 담보로 파생상품 등의 투기성 금융계약에 깊숙이 개입해서 계약총액이 무려 1조 2500억 달러에 이르게 했던 주범입니다. 겨우 22억 달러, 그것을 남의 돈을 밑천으로 1조 2500억 달러까지 증식하고 끝내는 파산해서 14

개 주요 금융기관에 대략 10조 원(한화 기준)의 손실을 입혔기 때문에 이 사건은 서브프라임론 파산의 예행연습이었다고 해도 무방합니다. 왜냐하면 이 막대한 피해를 입힌 장본인 로버트 머턴이 시티그룹 산하 트래블러스 그룹의 투자부문 중역을 거치면서 숄즈와 함께 이론적 지도자가 되어 진행한 것이 2008년 공황을 야기한 파생상품과 서브프라임론 사태였기 때문이죠. 결국 1998년 LTCM이 파산했던 시점에서, 이미 헤지펀드 부채가 레버리지 작용으로 미국 전역에서 얼마나 크게 자기증식했는지 그 위험성을 충분히 알아챘음에도 불구하고 클린턴 정부의 루빈과 서머스 콤비가 그것을 모두 뭉개다시피 해버린 것입니다.

지금까지의 이야기에서 등장한 인물들을 순서대로 정리해 요약하면 루빈~서머스~새뮤얼슨~머턴, 다시 루빈~서머스라는 '노벨경제학상 수상자와 투기꾼 연합 서클'이 백악관과 금융계를 부패시킨 원흉이라는 것입니다. 서머스에 관한 또 한 가지 흥미로운 점을 덧붙이자면, 경제전문가로 세계적으로 유명한 아니타 애로우가 바로 서머스의 모친이며 그녀의 오빠 케네스 애로우 역시 노벨경제학상을 수상한, 그야말로 무시못할 집안이라는 사실입니다. 아마도 이 일족이 챙긴 노벨 상금만도 만만찮을 겁니다.

그럼에도 2008년 11월 4일 대선이 끝난 후, 차기 대통령 정부 이양 경제고문위원으로 취임해서 오바마 정권의 경제 브레인을 선정하는 요직에 취임한 자가 이 루빈과 서머스라는 사실은 무엇을 의미하는 걸까요? 거기에 한술 더 떠 서머스가 오바마 신정부의 국가경제위원회 위원장으로 임명되어 망가질대로 망가진 미국 경제를 재건시킬 리더로까지 부상한 까닭은 무엇일까요?

이를 두고 '오바마 신정부는 풍부한 경험과 막강한 실력을 갖춘 경제전문가를 동원해 경제붕괴에 맞선다'고 미사여구를 나열하며 보도하고 있는 미디어의 모습에서 저는 이미 일본의 저널리즘은 이미 갈 데까지 갔다고 느낄 수밖에 없습니다. 실로 서머스의 출세는 그 두뇌가 우수하기 때문이 아니라, 노벨의 자손들이 "노벨경제학상이라는 것은 알프레드 노벨의 유서에는 없다. 스웨덴 중앙은행이 멋대로 신설한 것이므로 그것은 노벨상이 아니며, 인류에 공헌한다고 볼 수도 없다"고 이의를 제기한 미심쩍은 상의 후광을 젊었을 때부터 가당찮게 누려왔기 때문일 것입니다.

이제 재무상관이였던 누민이 백악관에서 나오사마사 식행한 초대형 은행 시티그룹에 대해 간략하게 이야기하도록 하죠.

시티그룹과 투자은행들

이 책에서는 시티그룹의 탄생에 관한 이야기를 세세하게 나열

시티그룹의 주요 구성원

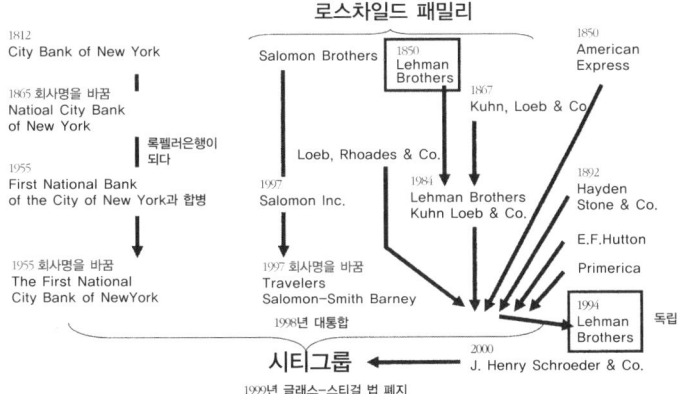

하기보다는, 시티그룹이 탄생하기까지 거기에 참여한 은행이나 머천트뱅크, 증권회사, 투자회사들을 시간대별로 정리한 도표를 간단하게 보여 드리는 것으로 그칠까 합니다. 단편적이나마 이를 말씀드리려는 이유는 미국 투자업계의 향방을 알려고 할 때 그 역사를 모르고서는 감히 예측할 수 없기 때문입니다.

시티그룹의 모태는 워싱턴이 초대 대통령으로 취임하고 겨우 23년이 지난 후인 제4대 제임스 매디슨 대통령 시대에 생긴 뉴욕 시티은행입니다. 그때가 1812년이니까 상당히 유서 깊은 은행이라고 할 수 있는데요, 남북전쟁이 끝난 1865년에 이 은행은 뉴욕 내셔널시티 은행으로 이름이 바뀝니다. 그러다가 1870년대 들어

록펠러 형제가 석유산업을 독점한 탓에 오일 붐이 일어나고, 그러자 이 은행의 수장인 제임스 스틸먼은 곧 록펠러 가에 합류합니다. 이때부터 이 은행은 체이스맨해튼은행과 함께 석유재벌의 금고가 되어 미국 보수 본류의 크리스천계 상업은행으로서 영화를 누려왔습니다.

그런데 앞의 도표를 보면 알 수 있듯, 로스차일드 금융재벌의 머천트뱅크인 살로몬브라더스, 리먼브라더스, 쿤로브, 로브로즈 등이 트래블러스와 함께 합류하고 거기에 아메리칸 익스프레스 등에 속한 핵심인물들이 한데 모이거나 흩어지면서 마침내 1998년 복잡기괴한 모습으로 대통합을 이루어 출범한 것이 시티그룹이었습니다. 투자 브로커였던 샌포드 웨일이 시티은행을 빼앗은 것이 애당초 이 대통합의 원동력이었다고 하는데, 묘하게도 시티그룹에는 이 인물의 출신에 관한 수수께끼가 항상 따라다닙니다.

이 도표는 지극히 개략적인 정도로만 그려거 있는데, 이미 이 시점에서 엄청난 수의 머천트뱅크가 시티그룹에 흡수되고, 시티그룹이 탄생한 이듬해 공교롭게도 글래스-스티걸 법이 폐지됩니다. 때마침 그 해 루빈이 시티그룹으로 이직했기에, 이것은 미국 전역을 지배할 수 있도록 온전히 투기업계가 꾀를 내어 저지른 합병이었음이 분명하다고 볼 수 있을 겁니다. 단지 의문으로 계속 남는 것은 리먼브라더스가 이 대통합에 참가하지 않고 도중에 분리되는 형태로 독자 노선을 걸었다는 점입니다.

이렇게 수많은 투자은행을 차례로 거느리고 미국 전역에서 으뜸가는 '명목상의' 상업은행이 된 곳이 백악관과 하나가 된 시티그룹이었습니다. 어찌 보면 이는 미국이라는 국가가 대통령의 공인을 받아 투기꾼 집단으로 변모했던 것이라고 볼 수 있습니다.

한편 월가에서는 2008년 리먼 사태로 "투자은행의 시대는 끝났다"는 말이 돌았습니다. 아닌게 아니라, 2008년 9월 15일 리먼브라더스가 파산함과 동시에 미국 5대 증권회사는 모두 사라져 버렸습니다.

- 1위 골드만삭스 : 2008년 9월 21일 은행 지주회사로 전환한다고 발표, FRB의 규제와 보호를 받는 은행이 되다.
- 2위 모건스탠리 : 2008년 9월 21일 은행 지주회사로 전환한다고 발표, FRB의 규제와 보호를 받는 은행이 되다.
- 3위 메릴린치 : 2008년 9월 15일 뱅크 오브 아메리카에 매각되다(2009년 1월 1일 매각 완료).
- 4위 리먼브라더스 : 2008년 9월 15일 파산 신청.
- 5위 베어스턴스 : 2008년 3월 16일, JP모건체이스에 매각되다(5월 30일 매각 완료).

이처럼 정말로 미국의 5대 증권회사가 사라져 버렸습니다!

하지만 지레짐작해서는 안 됩니다. 글래스-스티걸 법이 철폐되지 않았습니까. 이는 곧 상업은행이 투기를 저질러도 전혀 상관이 없다는 뜻입니다. 결국 은행이 증권투자를 할 뿐, 월가는 아무 것도 변한 게 없습니다. 아래 나오는 사실이 그것을 증명합니다.

- ◆1위 시티그룹 : 솔로몬스미스바니 등 메이저 투자은행의 소굴.
- ◆2위 뱅크 오브 아메리카 : 메릴린치를 인수.
- ◆3위 JP모건체이스 : 베어스턴스를 인수.
- ◆4위 와코비아 : 웰스파고와 합병하고 메이저 증권사를 보유.
- ◆5위 골드만삭스 : 본래 투자은행.
- ◆6위 모건스탠리 : 본래 투자은행.

자, 이렇게 간단한 사례만으로 "투자은행의 시대는 끝났다"라는 식의 이야기는 새빨간 거짓말임이 드러나는데, 시치미를 뚝 떼며 또 다시 사람들을 현혹시켜서는 안 될 것입니다.

자, 그럼 이제 루빈이나 서머스 외에 슈퍼 버블을 책임져야 할 또 한 명의 거물급 인사를 소환해야 할 때가 된 것 같습니다.

앨런 그린스펀과 날강도 클럽

최근 들어 미국 전역에서 버블 붕괴의 책임자로 갈수록 비판을 받고 있는 인물이 바로 앨런 그린스펀입니다.

1987년부터 2006년까지 18년 이상이나 미국 중앙은행인 연방준비제도이사회 의장을 지내고, 리먼브라더스의 CEO 리처드 풀드 등과 짜고 금융 시스템의 부패를 방치하고 글래스-스티걸 법을 무력화시킨 그린스펀이야말로 가장 큰 책임자라는 것은 틀림이 없습니다. 이 인물 덕분에 현재 대략 1만 개가 넘는 헤지펀드가 정부 당국으로부터 거의 규제를 받지 않고 전 세계에서 마음껏 사업을 벌일 수가 있기 때문입니다.

여기, 제가 느끼는 바를 절묘하게 그려낸 만평을 하나 소개하겠습니다. www.gocomics.com/patoliphant/2008/10/27 이 만평에 달린 캡션은 이 책의 결론 그 자체라고 봐도 될만한 것인데, 프랑스 혁명기의 단두대로 끌려가는 그린스펀이 이렇게 항변하고 있습니다.

"난 규제에 반대했다고! 내가 몰랐던 건, 탐욕스런 월가의 돼지만도 못한 녀석들이 돼지만도 못한 짓거리를 한다는 거였어. 쇼크는 나도 먹었거든, 나도!"

손을 뒤로 포박당한 그린스펀을 실은 호송마차를 향해 군중들이 격한 분노의 주먹질을 날려 대면서 "저놈이 다음 차례야!" 하는 표현도 보이지만, 자세히 보면 그림 아래쪽에 조그만 남자가 "마차에 탄 사람은 누구요?" 하고 묻고 있습니다. 덩치 큰 남정네가 "앨런 그린스펀이란 자요. 우리를 수렁에 빠트린 놈!"이라고 답하며 "헌데, 당신 혹시!"라고 따지듯이 되묻고 있습니다. 이 조그만 남자는 틀림없이 그린스펀을 중용했던 부시 대통령일 겁니다. 그리고 주위를 둘러싼 사내들이 저들의 대화를 눈을 부라리면서 노려보고 있습니다.

이 만평을 그린 팻 올리펀트는 "그린스펀 자신도 알고 있는 것이 일어났을 뿐이다. 그리고 당신은 그것을 방관하지 않았는가!"라고 분노하고 있습니다. 이렇게 다 설명해 버리니 그 깊은 맛이 다소 떨어지긴 합니다만, 이 말이 제가 최근 몇 년간 특히 비즈니스계에 종사하는 이들에게 말하고 싶었던 것으로 받아들여 주시기 바랍니다.

앞서 언급한 대로, 저는 미국 부동산시장의 대붕괴를 패니메이와 프레디맥의 파산과 동시에 발견했습니다. 원유가격이 폭등한 후 얼마 지나지 않아 50달러가 무너지며 폭락하는 것도 이해가 되었습니다. 그런데 월가의 대표적인 '탐욕덩어리' 기업 리먼브라더스는 2007년 〈포춘〉지가 선정한 '가장 존경받는 증권회사' 부문에서 무려 1위에 올랐습니다. 리먼과 함께 파산하여 국유화된 세계 최대의 보험회사 AIG도 마찬가지였습니다. 이 회사도 같은 해 〈포브스〉에서 선정한 '우수보험회사' 부문에서 역시 1위에 올랐습니다. 그러나 AIG는 이미 2005년에 회계부정이 발각되어 보험·증권법 위반 혐의로 SEC에 적발된 전례가 있습니다. 〈포브스〉 부호 순위에 단골로 이름을 올리는, 개인 자신이 3조 원이 넘는 CEO 모리스 그린버그가 기소당한 것도 그때였구요.

그런 AIG에 구제금융이 투입된다는 것은 어떻게 보더라도 이치에 맞지 않습니다. 미국 시민들의 세금에 의한 구제가 진행된 직후 중역들이 유명 온천이나 골프, 빠친코 등의 호화여행을 즐긴 것이 들통이 나서 사람들이 황당해할 정도였는데도, 11월 10일 FRB와 재무성은 AIG에 또다시 구제금융을 투입한다고 발표했고 그 총액은 1500억 달러(150조 원)에 달했습니다. 수년 전 저는 미국이 붕괴되고 있다고 몇 번씩이나 언급했습니다만, 누군가는 그 사실을 뻔히 알면서도 수수방관했습니다. 그가 누구라고는 굳이 묻지 않겠습니다. 그보다 앞으로 가까운 장래에 똑같은 일이 다시 벌어지는 것은 필연적이라 보기 때문에 이 책을 쓸 수밖에 없었습니다.

앨런 그린스펀은 어떤 인물일까요? 그는 JP모건 사를 위시해 모건 개런티 트러스트, 그리고 석유메이저 모빌과 세계 최대의 알루미늄 제조사인 알코아 등 자그만치 15개가 넘는 대기업의 중역을 지낸 자입니다. 이자는 1987년 로널드 레이건 대통령에 의해서 중앙은행 총재로 임명된 이후 금융 행정의 총책임자로서 다른 사람의 말은 무시해버리는 절대 권력자가 되었습니다. 하지만 그 역시 본인의 능력으로 출세한 건 아니었습니다. 그린스펀을 대표자로 내세우고 각종 투기와 부패행위를 공공연하게 일삼을 수 있도록 일을 꾸민 월가 금융업자 집단의 조직적인 전략에 따른 것이었습니다.

FRB 의장 취임 직후 사상 최대라는 22%의 주가 하락률을 기록한 '검은 월요일'의 대폭락을 거치고 나서 기묘한 주가상승이 계속되는 가운데 금리 조정 대책을 차례로 내세운 그의 능력이 일시적으로 호평을 받긴 했습니다만, 사실상 이것은 이미 궤도를 벗어나 버린 미국 경제가 초강대국으로서도 도무지 저항할 수 없는 혼란스러운 세계 정세 속에서 재차 목숨을 부지한 쇼에 불과할 따름이었습니다. 그렇다고 해서 그가 1999년 로머트 루빈 등과 일을 꾸미며 글래스-스티걸 법을 폐지시킨 장본인이라는 중요한 사실은 결코 감춰질 수 없을 테니까요. 그러고 보면 2000년 주가 하락이 시작되자 곧바로 금리를 인하해서 주택가격의 상승을 유도한 것도 그의 말마따나 과연 실수였는지 의문이 듭니다.

2002년엔 FRB가 대형 회계법인에 대한 규제를 거부했기 때문에 월가의 대기업 회계부정 사태가 계속되고 예상대로 주가가 대폭락합니다. 이렇게 된 데에도 역시 그린스펀의 책임이 막중합니다. 은행업계의 감독자이면서도 규제강화를 줄곧 반대해 온 그린스펀은 파생상품이 가져오는 수익증가를 높이 평가하여 기꺼이 투기꾼들의 보호막이 되었고, 이렇게 규제도 받지 않는 서브프라임론 융자를 방치해서 미국 경제를 공황 상태에 빠뜨리고 말았기 때문입니다.

조지 소로스는 희대의 악한입니다만, 뒤에 소개하듯이 한편으로는 발군의 역량을 보이는 책사이기도 합니다. 그러나 그린스펀과 루빈은 책사로서의 능력은 없고 그저 거대 재벌의 대리인에 지나지 않는 자들이었습니다. 어째서 이런 인간들이 미국 사회를 쥐락펴락하는 걸까요?

2001년 9.11사태가 일어나고 나서 1년이 조금 지난 즈음, 〈뉴욕타임스〉엔 다시 한번 기념할만한 멋진 만평이 실렸습니다.

사실 미국의 대다수 만화가는 중동문제를 비롯한 국제문제에 관해서 미국인의 편견을 드러내는 경우가 많고, 그것이 미국의 여론형성에도 어지간히 큰 영향을 미칩니다. 때문에 저는 미국 만화 전부에 공감하지는 않습니다. 그러나 일단 미국 내부의 문제가 되면 날카로운 필봉으로 어떠한 인간도 인정사정 볼 것 없이 공격하는 통쾌함을 보여줍니다. 그 가운데에서도 이 두 컷의 만평은 같은 날 게재된 것으로, 오랜 기간 미국 정계를 조정해 온 전 국무장관 헨리 키신저의 정체를 멋들어지게 간파하고 있습니다. 첫 번째 그림www.gocomics.com/jeffdanziger/2002/12/02은 키신저가 9.11 사태 후 조사위원장에 임명된 것을 조롱하는 만평으로 셜록 홈즈를 흉내내며 '국제살인강도클럽'에 들어서는 모습을 보여주고 있습니다. 이 클럽에는 갱 얼굴을 한 자들이 나란히 등장하는데, 오른쪽 군복을 입은 자는 아무래도 칠레에서 키신저가 기획한 CIA 쿠데타에 의해 독재자가 된 피노체트로 보입니다. 그 앞 지구본에는 칼이 꽂혀 있고, 어느 우두머리는 도색 잡지에 푹 빠져 있습니다. 오늘의 메뉴는 '이라크'라고 적혀 있는 국제살인강도클럽에서 갱들이 나누는 대화는 이렇습니다.

"이게 누구야? 헨리가 변장을 다 했네."

"지난 번 모임 때 당신 생각이 나더라니까, 헨리."

또 다른 만평www.gocomics.com/patoliphant/2002/12/02에서는 키신저가 특유의 어투로 이렇게 환영인사를 합니다.

"대통령님, 잘 오셨습니다. 제가 도움이 될 수 있을 것 같습니다만."

문에는 '키신저 혼란주식회사'라는 회사명과 '문제를 복잡하게 만들어 드립니다. 사실 은폐, 사기, 비밀 폭로, 역사 왜곡, 여론조작 컨설팅 전문'이라는 구절이 적혀 있습니다. 특히 그림 좌측 하단에 있는 남자의 말이 가관입니다.

"그가 활동하던 시절, 그보다 멋진 사내는 없었지!"

누구나 할 것 없이 모두 키신저를 치켜세워왔던 대부분의 정치평론가들과 저널리스트들에게 꼭 보이고 싶은 컷입니다.

이 두 만평에 적힌 내용은 키신저에 관해서 제가 30년간 조사한 자료철에도 나와있듯 전적으로 사실입니다. 그런 키신저의 오랜 친구가 바로 그린스펀이었습니다. 이 두 사람이 젊었을 때부터 친교를 맺었다는 사실을 보여주는 사진도 있습니다. 짐작컨대 키신저의 술수로 그린스펀이 FRB 의장에 취임했을 겁니다. 이들이 세계에 실재하는 '국제살인강도클럽'의 멤버들이요, 금융부패와 금융붕괴를 촉발한 신디케이트였습니다.

여기서 이 클럽의 마지막 멤버를 소개하고자 합니다. 리먼 사태를 전후로 금융계에 막대한 공적 자금, 즉 미국민의 혈세를 쏟아부은 헨리 폴슨입니다. 아들 부시 공화당 정부 시절 재무장관을 역임했던 그 역시 골드만삭스의 로비트 루빈이 시카고선물거래소 이사로서 활동하던 1974년에 백악관을 나옴과 동시에 골드만삭스의 시카고 오피스에 들어간 루빈의 동료로서 1990년부터는 루빈 회장 아래서 투자은행 부문 최고경영책임자가 된, 루빈과 전적으로 동일한 출세가도를 밟아 온 인물입니다.

이 두 사람이 서로 정치적으로는 적대 관계인 민주당과 공화당 정부 시절 각각 재무장관을 역임했기 때문에 여기에 미국 정계의 속사정이 실로 잘 드러나 있습니다. 루빈 퇴사 후 그 후계자가 된 헨리 폴슨은 1998년에 골드만삭스의 공동회장 겸 공동CEO가 되고, 그 이듬해부터는 단독회장 겸 CEO가 되어 연봉 250억 원, 개인투자로 50억 원의 수입을 손쉽게 챙깁니다. 이렇게 백악관에서 월가로 방향을 바꾸어 금융계에 군림했던 2006년, 존 스노 재무장관이 기업합병 및 매수를 전문으로 하는 사모펀드인 서베러스 회장으로 이적해서 투기꾼 집단의 보스가 되자 그 후임으로 폴슨이 백악관으로 돌아와 재무장관에 취임합니다.

이쯤 되면 대체 이 날강도 클럽이 백악관과 투자업계의 경계선을 어디에 두고 있는지 전혀 모를 지경입니다. 여기에 부실 사업체에도 높은 신용등급을 매길 수 있는 무디스, 스탠더드앤푸어스, 피치 등의 국제신용평가사와 금융상품을 판매하는 투자은행을 감독하는 대형회계법인 역시 신기루 같은 머니 게임을 만들어 내는 주범들 가운데 하나였습니다.

선물거래나 파생상품은 비대해진 금융괴물이 만들어 낸 것으로서, 이것들은 본래 인간의 경제활동에서 굳이 필요한 것이 아닙니다. 얼마 전 CDS(신용파산 스와프)로 불리는 거래가 리먼 사태 후 미국에서 금융붕괴의 진원지로 지탄을 받았습니다. 그 뜻을 풀이하면 '도산시 손해보증보험'이라고 할 수 있는데, 문제는 이것이 다른 사람들에게 차례로 전매된다는 것입니다. 이렇게 팽창된 CDS의 시장 규모가 일설에는 한화로 따지면 6경 원이라고도 합니다. 일반인들의 감각으로는 가히 추산하기 어려운 규모죠. 그런데 그 실체는 분명치 않아서 6경 원의 자본금은 제로입니다.

이렇듯 자산이 없는 거액의 돈을 움직이고, 또 표면상 자산가치를 터무니없이 부풀린 금융기관과 투기꾼들 ― 이 신기루를 대체 오바마 정권은 어떻게 하려는 걸까요? 더욱 비관적인 것은 백악관과 투기꾼만이 문제 되는 것이 아니라 대형 회계법인, 세계은행, 국제통화기금, 중앙정보국, 연방준비제도이사회, 증권거래위원회, 세계무역기구, 컴퓨터 소프트웨어 제조사, 거대 신용평가사에 들락거리는 사람들이 한패가 되어 있는 형국입니다. 그들의 이력을 한 사람씩 꼼꼼히 조사해 보면, 도무지 어느 쪽으로 분류해야 할지 알 수 없게 마구 뒤엉킨 인맥의 실타래 같습니다.

왜 미국 금융계는 자신의 손으로 프랑켄슈타인 같은 괴물을 만들어 제멋대로 날뛰도록 해서 스스로를 죽음으로까지 내몰아 갔을까요? 여기 또 다른 만평은 오바마가 그 괴물을 되살리려는 듯한 모습www.gocomics.com/tonyauth/2008/11/26을 그리고 있습니다. 옆에서 피를 뒤집어쓰고 있는 코끼리가 그같은 프랑켄슈타인을 만든 장본인인데요, 코끼리는 바로 미국 공화당의 심벌입니다. 하지만 실제로는 민주당의 심벌인 당나귀도 있어야만 합니다. 오바마가 외친 "Clear!"는 PC 용어로는 제거를 뜻하지만, 병원에서는 사람을 회생시켜야 할 상황에서 자주 사용되는 단어입니다.

오바마는 이 괴물을 어떻게 다시 살려 낼까요?

오바마를 포위한 자들

각료들이 차례차례 임명되고 새 정부의 모습이 드러남에 따라, 현재로서는 "오바마가 이제야말로 미국을 변화시킬 것"이라고 큰 기대를 가졌던 순진한 젊은층이나 빈곤층의 정열은 거의 식어 버린 상태입니다. 오바마의 지지율은 높았지만 반대로 각료에 대한 지지율은 대단히 낮았던 겁니다.

그런 환멸의 날이 도래할 것을 일찍부터 예견했던 만평이 오바마의 대선 승리 이틀 후 〈뉴욕타임스〉에 실렸습니다. 시카고에서 거행된 오바마의 승리 연설에 취한 미국인들에게 찬물을 끼얹으면서 오바마가 내비치는 자신감을 은근히 비아냥거리는 컷입니다. www.gocomics.com/glennmccoy/2008/11/06

에이브러햄 링컨 대통령이 역사 속에서 걸어 나와 이렇게 말합니다.

"당신 말야, 언제라도 모든 사람들한테서 멍청이 취급 받을 수도 있지(CAN)."

영어의 CAN이 강조된 것은 시카고의 승리 연설에서 오바마가 몇 번이나 그것을 입에 올렸기 때문인데요, 가령 "미국은 변화할 수 있다!"라든지 "그렇습니다. 우리는 할 수 있습니다!"라고 오바마가 역설하자, 시카고에 모인 수많은 군중이 "Yes We Can!(그래, 우린 할 수 있다!)"이라며 열광적으로 외친 단어였습니다.

그러나 새 대통령으로 뽑힌 오바마의 정권이양 경제고문위원회의 위원으로 취임한 거물급 인사로 다음과 같은 인물들이 줄줄이 등장했기 때문에 이 만평의 예언은 보기좋게 적중했습니다. 한 사람 한 사람씩 소개하겠습니다.

먼저 첫 번째 인물은, 1985년 플라자 합의로 일본의 버블 경제를 조장한 상본인이었다고 해도 과언이 아닐 전 FRB 의장 폴 볼커입니다. 그는 FRB에서 퇴임한 후 올펜손 투자회사의 회장이 되어 조지 소로스와 함께 투자사업을 펼쳤습니다. 이 투자회사는 사명 그대로, 1995년 7월 1일부터 2005년 5월 31일까지 세계은행 총재를 지내면서 그야말로 1%만을 위한 세계화를 확대시킨 장본인인 제임스 올펜손이 설립한 회사입니다. 결국 중앙은행 총재와 세계은행 총재가 소로스와 짜고 투자, 아니 투기에 정신이 팔렸던 겁니다. 그 후 볼커는 엔론 파탄을 초래한 대형 회계법인 아서앤더슨의 회계부정 사건이 터졌던 2002년에 이 회계법인의 감사위원장으로 취임해서 그 문제 역시 무마시켜 버렸습니다. 그 결과 아서앤더슨과 대형 회계법인 문제는 어디에서도 논의되지 않게 되었습니다.

오바마의 경제고문위원회와 관련된 두 번째 인물은 1993년부터 1995년까지 클린턴 정부의 경제자문위원회 위원장을 역임한 로라 타이슨입니다. 미국 내 빈부격차를 확대시킨 시스템의 '엔지니어' 역할을 충실히 이행했던 그녀는 백악관을 떠난 뒤부터는 자신이 누렸던 지위를 배경삼아 1997년부터 투자은행 모건스탠리의 중역이 되었습니다.

오바마의 경제고문위원회와 관련된 세 번째 인물은 대형 투자은행 '도널드슨 러프킨 앤 젠레트'의 창업자로서 부시 가족의 오랜 친구였던 윌리엄 도널드슨입니다. 키신저 국무장관 시절 국무차관이었던 이자는 2002년부터 2003년에 걸쳐 월가의 부패 스캔들이 정점에 달해 대형 회계법인의 부정을 방치해 버린 증권거래위원회가 엄중한 비판을 받을 때, 부시 대통령으로부터 증권거래위원회의 위원장에 임명된 자입니다. 그는 사태진압을 위한 뒤처리 때문에 월가를 담당하는 역할을 맡았는데, 이때 증권회사의

앨런 그린스펀과 폴 볼커

윌리엄 도널드슨

로라 타이슨

레버리지 비율을 세 배로 높이는 내용으로 법을 개악시킴으로써 머천트뱅크에 대한 규제를 해제시켜 비난을 사기도 했습니다.

오바마의 경제고문위원회의 네 번째와 다섯 번째의 문제 인물은 글래스-스티걸 법을 철폐시켜 월가의 투기에 기름을 끼얹은 두 명의 재무장관 로버트 루빈과 로렌스 서머스로, 이들에 관해서는 앞서 말씀드렸습니다. 그리고 이런 뛰어난(?) 인재 등용의 화룡점정을 장식한 여섯 번째 인물이 있습니다. 바로 오바마 신정부의 재무장관에 발탁된 티모시 가이트너입니다.

가이트너는 이미 겉으로 드러난 몇 가지 전력만으로도 예사롭지 않은 인물입니다. 무엇보다 그는 1998년에서 2001년까지 클린턴 정부 재무장관이었던 루빈과 서머스 아래에서 재무차관을 역임한 고위급 관료로서 글래스-스티걸 법을 철폐시키는 데 참여한 또 한 명의 입법자였습니다. 그리고 9.11 사건이 일어났던 9월부터 IMF에 들어가 그해 12월 정책기획심사국장이 되어 투기꾼들을 위한 세계화를 확대시키는 금융정책을 편 요주의 인물입니다. 게다가 2003년 리먼브라더스 회장이었던 피터 피터슨에 의해 월가를 관리하는 뉴욕 연방준비은행 총재로 발탁되어 그린스펀의 수족으로서 맹활약을 펼치기도 했습니다. 결국 미국인의 시각으로 보나 세계인의 시각으로 보나, 가이트너는 범지구적인 경제환란을 불러일으킨 것에 대해 무거운 책임을 져야 할 자임에

티모시 가이트너

틀림없습니다.

하지만 아쉽게도, 이렇게 금융 범죄자라 할 수 있는 인물들이 한 마디 반성도 없이 "필요한 것은 공평한 부의 분배"라고 입맞춰 빈 말을 일삼으며 오바마 정부를 움직이고 있는 것이 지금의 현실입니다. 일부 정치평론가나 학자들이 이러한 인선을 두고 '최근 들어 가장 뛰어난 지성을 지닌 멤버들로 구성되었다'며 높게 평가하는 의견을 여러 매체에 기고하기도 했습니다만, 이런 어리석은 사람들에게 보여주고 싶은 게 있습니다. "빈곤층을 비롯해 민중의 편이어야 할 오바마는 이런 수준의 사람들을 발탁해서 대체 뭘 어쩌려는 거야?" 하고 낙담하는 미국과 전 세계 양심들에게 이 이상의 메시지는 없다는 듯한 심경을 드러낸 만평www.gocomics.com/tomtoles/2008/11/26이 그것입니다.

길 한복판에 '경제'가 빈사 상태로 누워 있습니다. 구급차가 황급히 달려오고 있는 가운데 오바마가 환자에게 말합니다.

"당신을 이렇게 만든 월가 사람들에게 치료를 맡길 겁니다. 그들이 책임자니까요."

그러자 이 광경을 옆에서 지켜보던 두 사람이 한마디 합니다.

"저 양반, 충격요법을 쓰려나 보네."

백악관 이야기는 쏙 빠져 있군요!. 그야말로 웬만한 경제평론가들을 능가하는 만화가의 지적 수준이 참으로 놀랍습니다.

그러고 보면 힐러리 클린턴을 국무장관으로 임명한 것도 아마 남편 빌 클린턴이 뿌린 아랍 분쟁의 불씨를 그 아내에게 진화시키려고 한 오바마의 또 다른 충격요법이 아닐까 싶기도 합니다.

오바마를 둘러싼 문제의 경제고문들 중에서 또 짚고 넘어가야 할 유명인사가 한 사람 더 있습니다. 빌 게이츠와 더불어 전 세계에서 재산 순위 1, 2위를 다툰다는 투자의 귀재 워렌 버핏입니다.

워렌 버핏은 그저 도박에 돈을 거는 단순한 투기꾼이 아닙니다. 그는 겁날 정도로 두뇌 회전이 빠른 투자자로서 지금까지 등 장힌 인물들파는 나소 구별하는 것이 좋을 듯합니다.

물론 천하의 버핏도 리먼 사태 후 주가 대폭락으로 눈 깜짝할 사이에 136억 달러(13조 6000억 원)을 잃었다고 합니다. 그러나 여기서도 주의해야 할 점은 앞서 말씀드렸듯이 버핏이 경영하는 지주회사 버크셔 해서웨이가, 오바마의 금고 역을 맡아 대선을 승리로 이끈 수훈감이었던 여성실업가 페니 프리츠커 일족으로부터 마몬 그룹이라는 거대복합기업의 주식 60%를 45억 달러에 인수한다고 발표한 사실입니다. 대통령 선거전이 시작되기 직전인 2007년 크리스마스의 일이었습니다.

방금 말한 프리츠커 일가는 시카고 최대의 유대계 부호입니다. 그리고 선거참모를 맡아 오바마를 대통령으로 만든 또 한 명의 수훈자인 데이비드 액설로드 역시 시카고 유대계로 그 공로 때문에 오바마 대통령의 정책고문으로 취임합니다. 한 사람이 더 있습니다. 오바마 정부에서 대통령 수석보좌관(비서실장)이라는 요직을 차지한 람 엠마뉴엘입니다. 역시 시카고 유대계 출신의 이 인물은 공교롭게도 액설로드와 오랜 친구 사이입니다.

물론 미국의 유대인을 하나로 묶어 거론하는 것은 잘못입니다. 왜냐하면 나치에게 고통을 당한 헝가리 이민 유대인 소로스처럼, 상당히 꾸민 듯한 모습일지라도 때로는 이스라엘의 정책을 독선적이라고 비판하는가 하면 아랍의 이슬람 토벌전쟁에 빠져 들어간 조지 W. 부시를 '나치의 재림'이라고 통렬하게 비판하는 등 돌연변이 같은 구석이 있는 사람들도 종종 있기 때문입니다.

하지만 문제는 람 엠마뉴엘이 아랍인과 이슬람교도를 공공연히 적대시하는 인물로서 지나친 오만 때문에 모두에게 혐오의 대상이라는 데 있습니다. 부시 대통령과 한패가 되어 이라크 공격을 감행한 네오콘에 가까운 이 인물은 대통령 수석보좌관으로 백악관 정책의 대부분을 전담하다시피 합니다. 선거자금 모집에 특별한 재능을 지닌 이자는, 시카고의 제왕으로 불리는 리처드 데일리 시장이라는 든든한 뒷배로 권세를 강화하면서 빌 클린턴 대통령의 선거운동에도 자금을 모집하는 큰 활약을 펼쳐 마침내 클린턴 대통령의 정치고문 자리를 꿰찼던 이력이 있습니다.

람 엠마뉴엘의 비상한 자금 모집 능력은 과연 어디에서 나온 걸까요? 1993년 이스라엘 수상 이츠하크 라빈과 팔레스타인 해방기구의 야세르 아라파트가 조우한 유사 평화행사인 저 오슬로 회담을 클린턴의 측근으로서 배후 조종하기도 했던 엠마뉴엘이 1998년에 백악관을 나온 후 일했던 곳은 유대계 투자은행인 와서스타인 페렐라였습니다.

이 회사는 어떤 곳일까요? 와서스타인 페렐라는 리먼브라더스와 쿤로브, 그리고 아메리카 로스차일드 증권사의 간부를 차례로 역임한 이브 앙드레 이스테르가 회장을 역임했던 투자회사입니다. 그리고 창업가인 브루스 와서스타인은 2008년에 들어서도 라자르프레르 회장으로서 군림할 정도의 거물이기 때문에 국제 금융업계 전반에 걸쳐 방대한 인맥을 가지고 있습니다. 와서스타인 사는 후에 드레스너 은행 산하에서 드레스너 클라인보르트가 되어 독일을 포함한 유로권과도 연결되어 있습니다.

라자르프레르가 나온 김에 이 은행에 대해서도 한마디를 덧붙이겠습니다. 로스차일드 재벌의 프랑스계 머천트뱅크인 라자르프레르는 회장인 마이클 데이비드 웨일(프랑어 발음으로는 미셸 다비드 베이유)이 로스차일드 가의 일족으로(후술할 계보도의 오른쪽에 위치한 인물) 이미 1980년대부터 소로스를 누르고 월가 제1의 대부호로 군림했습니다. 그의 뒤를 이어 라자르프레르의 지배권을 손에 넣은 인물이 바로 와서스타인입니다. 라자르프레르는 기업인수 및 합병에 비즈니스를 집중해서 막대한 이익을 얻게 되었는데요, 과거 유물같은 존재가 아닌 여전히 막강한 지배력을 세계 금융계에 행사하는 로스차일드 일족의 권세에 대해서는 뒤에서 조금 더 말씀드리겠습니다.

이런 인맥을 등에 업은 엠마뉴엘의 행보가 얼마나 탄탄대로였는지는 불문가지일 겁니다. 먼저 그는 와서스타인 페렐라 시카고 지점의 경영을 맡아 2년 반 만에 순식간에 1620만 달러를 벌어들이는 수완을 발휘한 후, 2000년엔 클린턴 대통령의 임명으로 주택금융회사 프레디맥의 이사로 취임합니다. 그런데 회계부정이 발각되어 이사를 퇴임하고, 이번에는 하원의원 선거에 출마해 당선됩니다. 이어 민주당 내에서 하원선거위원회를 맡아 연이어 선거에 승리하는 성과를 거둔 덕분에 민주당 하원의원 가운데 넘버 4의 자리까지 올라갑니다.

문제는 엠마뉴엘이 이스라엘 건국운동의 중심이 된 시오니스트의 혈통을 이어받은 호전적인 인간형이라는 것과 국제 금융마피아와 연결된 자금모금 네트워크를 가지고 있다는 사실입니다. 이 점이 여전히 팔레스타인 문제에 암울한 그림자를 드리우고 있습니다. 오바마는 빈곤층을 구제하는 풀뿌리 사회활동을 착실하게 수행한 이력을 지닌 변호사 출신이지만, 아랍-이스라엘 문제와 경제문제를 지금 말한 인물들이 움직이는 미국의 구조로는 어떻게 할 수 없어 보입니다. 2008년 말부터 이스라엘이 자행한 잔학무도한 팔레스타인 가자 지구 공격에 보인 오바마의 침묵도 어쩌면 자신이 취할 수 있는 최선의 태도일지도 모릅니다. 결국 백악관과 의회를 둘러싼 미국의 모습은 만화가들이 그리는 비정한 현실 그대로인 셈이지요.

연말 크리스마스 전부터 끔찍한 생활고가 하층노동자들을 엄습했던 미국에서는 또 다른 숫자가 시한폭탄과도 같은 위험성을 내포하고 있있습니다.

실업률이 2008년 처음으로 5%를 넘더니 가속도가 붙으며 경제가 붕괴하고, 12월 한 달 동안 한꺼번에 53만 명이 일자리를 잃어 실업률이 순식간에 6.7%로 뛰어올랐기 때문입니다. 특히 흑인의 실업률은 11.1%, 히스패닉계는 8.6%나 되었고, 10대의 실업률은 20%를 넘었습니다. 자신이 바라는 노동시간을 충분히 얻지 못한 사람들은 이 통계에서는 포함되지 않았으므로 이들 반

실업상태에 놓여있는 인구를 더하면 실제 실업률은 12.5%에 달했습니다.

그런데 1년간 실직된 190만 명 가운데 3분의 2는 리먼 브라더스가 파산한 9월 이후에 생겨난 실업자들이었습니다. 1974년 오일쇼크 이후 이렇듯 실업자가 급증한 전례가 없었다는 점에서 이는 충격일 수밖에 없었습니다. 그러니 의회에서 "지금 빅3를 이대로 도산시켜서는 안 된다. 긴급지원만이라도 해야 한다"는 분위기를 만들어, 여론에 반하더라도 어쩔 수 없이 디트로이트 자동차업계를 지원하기로 합의했던 것도 무리가 아니었죠.

그런데 이 구제책도 마지막 단계인 상원의회에서 폐기 처리되고 끝내는 산소통을 등 뒤에 짊어지고 가까스로 살아난 빈사 상태의 부시 대통령이 174억 달러(17조 4천억 원)의 자금 투입을 결정해서 GM에 일시적인 연명 튜브를 설치한 뒤 도망쳐 버리고, 오바마에게 마지막 치료를 떠맡깁니다. 이때 GM의 금융자회사 GMAC이 정부로부터 지원을 받는 은행지주회사 형태가 되고, 연말인 12월 29일 재무성이 이 부패한 GMAC에 대해서 총액 60억 달러(6조 원) 융자를 결정합니다.

이로써 미국의 재정은 다시 한 번 엉망진창이 됩니다. 그 뒤를 쫓아 3대 TV네트워크 가운데 하나인 CBS를 거느린 영화산업계의 큰손 바이어컴과 통신업계의 거인 AT&T, 그리고 화학업계의 맹주 듀폰 등 대기업들이 대폭적인 인원 삭감 계획을 수립하기 시작하는데, 이 기업들이 차례로 발표한 해고 예정 인원은 100만 명 이상이나 됩니다. 거기에다 오바마의 대통령의 본거지에 위치한 시카고의 유력 신문사 〈시카고트리뷴〉과 서부 캘리포니아의 〈LA타임스〉 등 유명 신문의 모회사인 트리뷴사가 12월 8일 도산합니다. 메이저리그 구단인 시카고컵스도 트리뷴 사에 소속된 구단이었습니다.

두 메이저 신문사의 도산으로 미국 전역은 미세혈관뿐만 아니라 마침내 대동맥에서 심장까지 영향을 미칠 것이라는 불안감에 몸서리를 쳤습니다. 이 사건이 일본에서는 '신문사의 광고수입이 불황으로 감소했기 때문'이라고 보도되었지만, 트리뷴 사는 본래 도산할 회사가 아니었습니다. 실제로는 2008년 트리뷴 사를 사들인, 시카고의 유대인이며 '묘지의 댄서'라는 별명으로 유명한 부동산업자 새뮤얼 젤이 돈을 마구 빌리는 덧에 나타난 재무펑칭이 도산의 원인이 되었던 것입니다.

물론 오바마는 눈사태처럼 번진 이같은 경제붕괴의 직접적인 책임자는 아닙니다. 하지만 그는 매일 미국인들에게 호소하는 기자 회견을 열어 재건 작업을 진행할 수밖에 없는 미국의 최고사령관입니다. 그러나 그가 말했듯이 이미 미국은 "경제를 바로 세우는 데 대통령 임기 한 번으로는 어렵다"는 상태이며, 실업률은

2008년 11월 6.7%에서 12월에는 7.2%, 2009년 1월에는 7.6%, 2월에는 8.1%로 계속 상승했습니다. 1246만 명의 실업자 수에 많은 경제전문가들이 "해고에 가속도가 붙고, 해고 업종은 확산되어 당분간 수습하기는 어려울 것 같다"며 머리를 쥐어뜯었던 것도 무리가 아닌 것이죠.

지금껏 소비의 쾌락에 젖어 있던 노동자들의 고통이 오래 계속되면 미국 국민은 더 이상 견디지 못하게 되어 그 불만이 어떻게 폭발할지 예측하기 어렵습니다. 어쨌든 미국의 소비에 의지했던 세계경제의 행방이 그 진로를 결정할 것으로 보입니다.

WTO와 국제 금융마피아

지금까지는 미국 중심의 이야기였습니다.

하지만 2007년까지 미국이 혼자서 월가의 자금을 끌어모은 것은 아닙니다. 그 자금은 전 세계에서 모아진 것이었는데, 세계무역기구(WTO)에 의한 세계화의 확대가 그 자금 모집에 커다란 엔진이 되었습니다. 이 부패를 확대시키는 세계화는 어디에 문제가 있는 길까요?

WTO란 조직은, 1993년 12월 14일 GATT(관세무역일반협정)

라고 불리는 국제회의의 결정을 일본정부가 받아들여 쌀 수입을 부분적으로 개방한 1995년 1월 1일, GATT가 IBRD 및 IMF와 함께 세계경제의 3대 기둥이 되는 세계무역기구로 개칭된 것입니다. 그 결과, 무역에서도 식량의 자유화를 지렛대로 삼아 농촌의 공업화에 커다란 중점을 두고 신자유주의 시대의 머니 게임에 돌입합니다.

이 국제적 합의가 성사되었을 당시 GATT의 사무국장은 아일랜드인 피터 서덜랜드였습니다. 그는 4대은행의 하나로 아일랜드에 본거지를 둔 얼라이드 아이리시 뱅크의 회장을 지낸 실력자인데, 젊은 시절부터 미국과 긴밀히 교류했던 인물이었습니다. 놀라운 것은 그 뒤의 경력입니다. 1997년부터 석유메이저 BP(브리티시 페트롤리엄)의 회장으로 군림한 그는 또 다른 한편으로 국제 투자업계에 군림하는 골드만삭스 인터내셔널 회장으로서 영국 대부호 순위에 당당히 이름을 올립니다. 덩달아 연봉은 근래 수년간 유가폭등에 따라 2008년까지 8년간 네 배로 급증했습니다. 이는 바꿔 말해, 투기꾼인 원유 수익자 서덜랜드가 만든 시스템이 '공정한 세계무역'을 담당하는 세계화의 기수, 즉 WTO라는 의미와도 같다고 볼 수 있습니다. 결국 금융전문가와 경제전문가의 선창으로 설립된 것이 무역자유화를 위한 WTO라는 기구입니다.

이들이 외치는 '세계화Globalism'는 말로는 지구주의이지만 지구 상의 인류가 서로 힘을 합쳐 돕는다는 뜻이 결코 아닙니다. 그와 는 반대로, 지구 규모의 경제 대통합으로 부유층이 빈곤층을 착 취하는 거대한 메커니즘이 바로 이들이 말하는 세계화입니다. 지 역으로 바꿔 말하자면, 미국을 필두로 하는 선진국의 경제 서클 이 그 밖의 나라들을 착취해서 정체상태에 빠진 대국의 경제를 더 큰 그릇으로 옮겨 담으려는 메커니즘인 것이죠. 선진국 인사 들이 WTO의 요직에 앉아 일을 꾸미고 난 다음, 나머지 간부 자 리는 아시아·아메리카·중남미 출신 인사들에게 맡기는 것이 관습이다시피 됐는데, 이 또한 꼭두각시 인형들을 통제하면서 마 치 공정한 국제무역을 하는 것처럼 눈속임을 하려는 것입니다.

무역자유화라는 말은 듣기엔 좋지만 세계 각국을 비교하면 애 당초 경제 수준에 커다란 차이가 있기 때문에, 모든 나라마다 세 계의 통일된 기준으로 자유무역으로 개방한다면 어떻게 될까요? 특히 농산물처럼 일상생활에 밀착된 분야에서는 빈곤국의 기본 적인 식생활을 유지하기 위한 국내 제품의 생산이 농업대국과의 무역경쟁으로 황폐해지고, 그때까지 삶을 지탱시켰던 하루하루 의 일과인 농업, 상업, 생활방식이 이어지지 않게 되어 지옥에라 도 빠진 듯한 상황을 피할 수 없게 되는 것입니다.

가장 우스꽝스런 것은, 이같은 세계화에서 보호주의라는 말을

'악'의 대명사로 사용하는 매스미디어의 풍조입니다. 이 논조를 끊임없이 만들어 내어 농민들을 생활할 수 없게까지 몰아넣은 것이 WTO였던 사실을 누구나 알고 있습니다. 일본에서도 쌀은 남아난다면서 미국의 개입으로 거듭 쌀의 수입이 의무화되고, 그렇게 수입된 쌀이 농약에 오염된 것으로 드러나 그 쌀을 전매하는 사건이 벌어지기도 했습니다. 매스미디어는 언제부터 WTO의 대리인이 되었던 걸까요? 그 원인은 실로 분명해지고 있습니다. 무역의 근간이 되는 공업과 농업의 이익을 살짝 바꿔치는 데 있는 것입니다. 덕분에 일본의 식량자급률이 격감하여 지금 이렇게 갈팡질팡하고 있는 것입니다.

상황이 이쯤 되면 한 나라의 정치가가 자국민을 보호하는 것은 국민에게서 부여받은 의무로서 이 외엔 정치가에게 다른 역할이 있을 수 없다고 이야기해도 될 만큼 가장 중요한 책임일 수밖에 없습니다.

"왜 자국민과 국내 산업을 보호하는 게 나쁘단 말인가?"

WTO와 매스미디어는 이 질문에 답을 내릴 필요가 있습니다.

금융 쪽도 마찬가지입니다.

WTO가 발족하고 나서 10년 동안 그 '성과'는 삽시간에 확대되었습니다. 전 세계에서 유통되는 통화는 2005년 기준으로

5400억 달러입니다만, 장부상 유통되는 달러는 그 500배가 넘는 300조 달러에 가깝다고들 합니다. 인류의 생존과 생활을 이어나가기 위해 보통 실제 경제에서 필요한 규모는 그중에서 얼마 되지 않는 40분의 1, 즉 2.5% 정도입니다. 결국 97.5%나 되는 가공의 수치가 움직이며 뭇사람들의 생활을 혼란으로 내몰고 있는 것입니다.

2005년 기준으로 전 세계 금융자산의 총액은 120조 달러(12경 원)로 가늠하기조차 어려운 단위입니다. 이렇게 문자 그대로 천문학적인 숫자가 경제지에 오르내리지만 실제로도 확인 가능한 수치인지 우리로서는 알 수 없는 노릇입니다. 하지만 이 천문학적인 숫자는 실체도 없는 파생금융상품이 전 지구적 규모로 자기증식을 시작한 결과라는 것은 틀림없습니다. 다시 말해 금융의 세계화로 금융자산이 아니라 오히려 금융부패가 확대된 사실을 증명하는 것입니다. 그리하여 제1장의 '서브프라임론 손실액'에서 보이는 것처럼 2008년 상반기까지 스위스의 UBS(스위스유니언은행)와 크레디 스위스, 영국의 로열뱅크오브스코틀랜드, HSBC(홍콩상하이은행), HBOS(스코틀랜드은행), 독일의 IKB 도이체 인더스트리에방크(산업금융은행), 도이체방크, 프랑스의 크레디 아그리콜 은행 등 유럽 전역의 금융기관에 걸쳐 그 피해가 확대되었던 것입니다.

이들 은행과는 달리 서브프라임론 연쇄파탄에서 주동자에 가까운 역할을 한 은행이 있습니다. 프랑스의 대형은행 BNP파리바가 그렇습니다. 이 은행은 2007년 8월 9일 미국의 서브프라임 증권에 자금을 조달하는 데 문제를 일으키고 소속 펀드를 동결한 결과 프랑스 주식시장을 초토화시킨, 이른바 '파리바 쇼크'를 야기한 장본인이죠. 여기에 갑작스레 미국 전역에서 돈을 인출하는 사태로 그 위기가 확대된 것입니다.

2002년 시가총액으로 유로권 최대의 은행이던 BNP파리바는 내부 고발로 밝혀진 것처럼, 미국에 둔 자회사 뱅크웨스트가 시티그룹 산하의 솔로몬스미스바니 증권사의 간부와 얽힌 부정 사건에 연루되는 형태로 월가와 밀착하고 있었습니다. 이로 인해 이들 서브프라임론이나 몇몇 파생금융상품은 하나의 도화선으로 강하게 연결되어 있을 수밖에 없었고, 그 때문에 대서양을 사이고 양측에서 신용불안이 동시에 터져 연쇄적으로 위기가 확대되었던 것입니다.

대충 보셨다시피 이렇듯 공업과 농업에 금융이 더해진 트라이앵글로 인해 오늘날의 세계화는 우려의 대상이 될 수밖에 없습니다. 돈이 관련되면 전체의 몸놀림이 얼마나 빨라집니까. 그러다가 끝내는 금융 풍선이 터지면서 일순간 막대한 자금이 바람처럼 사라져 버리는 겁니다.

그런데 그 돈은 어디로 사라졌을까요? 이제부터 지구상에서 사라진 그 거금의 행방에 대해 거론할 차례가 된 것 같습니다.

지구상의 수많은 경제전문가들이 좀처럼 지적하지 않고 있는 중요한 사실이 하나 있습니다. 그것은 이들 금융계의 제1선에서 거래하는 인간들, 즉 딜러의 다수가 오래 전부터 패밀리를 구축해 선물거래 등 파생금융상품의 가격을 '집단적으로 조작하고 있다'는 점입니다.

그들의 거래는 업계 안의 상층부끼리 통합한 규벌 관계와 이권 관계에서 성립한 것으로서, 모든 것이 암묵적인 내부거래라고 단언해도 좋을 겁니다. 이번 장의 앞부분에서, 선물거래에서 도박 행위를 자행하는 당사자인 갬블러들이 노름판이 아닌데도 은행 금리를 엄청나게 웃도는 터무니없는 이익을 얻는다고 말씀드렸던 이유가 여기에 있습니다.

이 신디케이트는 국제 금융마피아라고 불러도 무방합니다. 이 인간관계 —보다 정확하게는 인맥지배구조— 는 계보도를 살펴보지 않으면 그 실체를 알 수 없습니다. 아쉽게도 이들 서양의 계보 자료 대부분은 국회도서관에 소장되어 있지만 누구도 사용한 흔적이 없습니다. 어쩌면 서가에 꽂혀 있지 않아 일부러 열람신청을 해야 하는 관련 도서들은 완전히 사장된 채 잠들어 있을 겁니다. 그렇기에 수많은 금융기관이 그들의 계보를 조사도 하지 않고 비즈니스를 벌여 서민의 돈을 포함한 거액의 자금을 월가에 투자한다는 것은 무지의 소치라고밖에 말할 수 없습니다.

대항해시대에 들어서고부터 일찍이 전 세계를 식민지로 만든 서양인은 대서양을 끼고 하나의 거대란 패밀리를 구축했습니다. 엄밀히 따진다면 미국인이라는 인종은 없으며 그 대부분은 신대륙을 목표로 해서 이주한 이민과 그들이 강제 이주시킨 노예의 후손들입니다. 그래서 우리가 상상하는 것 이상으로 그들은 자신들의 뿌리에 큰 의미를 느끼고 그것을 아이덴티티라는 말로 표현하고 있습니다.

오바마 대통령도 마찬가지입니다. 그는 케냐 흑인인 아버지(노예가 아니라 미국에 유학을 온 엘리트 학생)의 혈통과 영국에 시달림을 당했던 아일랜드계 혈통인 모친의 의중을 알고, 그것이 뜻하는 국제적인 역사의 원류를 머릿속 깊이 이해하고 있는 인물입니다. 동시에 그는 국제적인 대립이나 인종적인 대립, 종교적인 대립이 있어서는 안 된다는 철학에 도달했기 때문에, 미국 국민을 '통합된 합중국의 재건'이라는 목표를 향해 움직이게 하는 데 성공한 것입니다. 그러나 국제 금융마피아의 경우, 오바마의 그런 이상적인 철학에서는 단돈 1센트의 수익도 챙길 수 없다는 걸 너무나도 잘 알고 있습니다.

족보가 지닌 또 하나의 의미는 그같은 혈통과 인맥이 금융계에서 독선적인 사고의 토대가 되고 있다는 점입니다. 투자은행계에 군림하는 골드만삭스 회장을 역임한 로버트 루빈과 헨리 폴슨은 각각 민주당과 공화당 정부 시절 차례로 재무장관에 취임했습니다. 그런데 만약 일본에서 노무라 증권 사장 출신 인사가 차례로 대장대신·재무대신 등에 취임한다면 우리는 어떤 느낌을 가지게 될까요? 그러나 일본의 비상식이 미국에 가면 상식이 됩니다. 또한 루빈과 함께 골드만삭스 공동회장을 역임한 스티븐 프리드먼이 2002년 12월 12일부터 부시 정권의 국가경제회의 위원장과 경제정책담당 대통령 보좌관을 겸임하며, 그 이듬해부터 이라크에 대한 잔인한 공격의 재원을 확보합니다.

지금까지 말씀드린 금융 이야기에서 주연을 맡아 열연을 펼친 대부분의 인물들에는 공통점이 하나 있습니다. 로버트 루빈(재무장관), 샌포드 웨일(시티그룹 회장), 앨런 그린스펀(FRB 의장), 헨리 키신저(키신저 어소시에이트 회장), 폴 새뮤얼슨(파생금융상품의 이론적 토대를 제공한 노벨경제학상 수상자), 로렌스 서머스(재무장관), 리처드 풀드(리먼브라더스를 파산시킨 CEO), 제임스 올펜손(세계은행 총재), 마이클 데이비드 웨일(라자르프레르 회장), 헨리 프리츠커(오바마의 돈줄), 조지 소로스(헤지펀드의 제왕) 등은 모두 유대인입니다.

미국만이 아니라 소련 붕괴 후의 혼란한 러시아에서도 미하일 호도르코프스키나 로만 아브라모비치, 보리스 베레조프스키, 미하일 프리드만, 블라디미르 구신스키 등, 여러 명의 유대인이 매스미디어를 떠들썩하게 하고 엄청난 금융·산업 지배력을 과시했습니다. 푸틴 대통령이 러시아에서 인기를 유지할 수 있는 힘의 원천은 단지 독재권력을 행사했던 것 때문이 아니라, 부패한 부호 호도르코프스키를 감옥에 넣은 결단으로 국민의 지지를 받았기 때문입니다. 푸틴의 결단은 유대인의 금융비즈니스에는 반대하지 말라는 지금까지의 국제적인 상식에 반하는 행동이었습니다.

주의를 기울여야할 것은, 여기서 말하는 유대인은 결코 유대인 전체를 지칭하는 것이 아니라 오로지 세계 최대의 금융재벌 로스차일드의 자녀들과 연관된 규벌 인맥을 말합니다. 근대적으로 보이는 미국 정계도, 또 유럽 재계도 중세의 왕실귀족과 마찬가지로 이 일족과의 '특수한' 관계에 의지하지 않고서는 어떤 국가적 사업도 쉽지 않다는 걸 잘 알고 있습니다.

지금까지 등장하지 않았지만, 이런 인맥 가운데 아직 몇몇 인물이 더 남아 있습니다. 2006년 2월부터 그린스펀의 후임자가 되어 FRB 의장에 취임한 벤 버냉키도 그 가운데 한 명입니다. 그린스펀의 금융정책을 충실히 따른다고 선언하며 '월가의 탐욕스런 돼지들'을 방치했기 때문에 서브프라임론이란 화산이 폭발하던 때부터 전 미국에서 비난을 받고, 리먼브라더스를 파산시키는 데 한몫한 무책임한 인물 버넹키. 그 역시 '특수한 유대인'입니다.

한편 세계화의 금융 관리자로서 애초엔 세계은행과 함께 빈민국에 융자 혜택을 펼쳐야 마땅할 IMF는 그 기능을 제대로 수행하지 않아 그동안 여러 차례 비판의 대상이 되고, 2008년 금융정상회담에서는 각국이 개혁까지 요구했던 곳입니다.

2009년 현재, 이 IMF의 전무이사인 도미니크 스트로스 칸 (2011년 성추문 사건에 휘말려 IMF 총재직을 사임함 - 옮긴이)도 역시 '특수한 유대인'입니다. 프랑스 출신으로 부유한 유대인 가문의 후손인 칸은, 입으로는 좌익을 표방하면서도 실제로는 그 이념에 반해 세계적으로 금융규제를 완화함으로써 신자유주의 경제의 견인차로 움직여 왔기 때문에 문제의 소지가 많은 자입니다. IMF는 월가의 대리인인 동시에 유럽의 특수한 인맥과도 통하고 있는 것입니다.

참고로 IMF가 '월가의 수호신'이라는 비난까지 들었던 이유는 의사를 결정하는 투표권이 출자비율에 기초하는 탓에 미국이 중요한 의사 결정에 대해서 기부권을 행사할 수 있는 표를 쥐고 독재적인 지배력을 행사하기 때문이었는데요, 앞서 밝힌 오바마 정부의 재무장관 티모시 가이트너도 IMF를 움직이는 대표 인물 가운데 한 사람이었습니다.

　게다가 IMF는 조지 소로스 등의 헤지펀드들이 집단으로 일으킨 90년대 후반 아시아 통화위기 당시 한국과 인도네시아, 태국 등을 구제한다면서 융자의 대가로 기업해체 전문 투기꾼들이 비집고 들어갈 수 있도록 제도 개혁을 강요하는 등 아시아 민중으로부터도 격한 분노를 샀던 곳으로도 유명합니다.

　세계은행의 현 상황도 IMF와 크게 다르지 않습니다. 유대인 올펜손의 후임으로 이라크 공격을 주도한 네오콘 출신 유대인 폴 월포위츠를 총재로 맞이했는데, 총재가 여성 스캔들을 일으켜 임기 도중에 사임하는 전대미문의 불상사가 발생한 겁니다. 그 때문에 세계은행은 "월포위츠의 기용은 헤롯왕에게 보육원 열쇠를 건네주는 것과 같다"는 비난의 소리를 들어야 했습니다. 그 뒤를 이어 세계은행 총재가 된 인물도 골드만삭스 출신이 로비드 골틱입니다. 이 밖에 유대인이 아닌 거물도 많이 있습니다만, 자세히 살펴 보면 그들도 반드시 이들 '특수한' 유대인 인맥과 깊은 관계를 맺고 있기 때문에 출세한 것입니다.

　이렇게 된 데에는 오랜 역사적 내력이 있습니다. 셰익스피어의 희곡《베니스의 상인》에 등장하는 대부업자 샤일록이 대표적인 '탐욕에 눈먼 유대인'으로 그려지고 있는 것처럼, 중세의 크리스트교도들은 유대인을 이자놀이를 하는 업자로 경멸하고 자신들은 '돈에 손을 더럽히지 않는 정갈한 인간'으로 위선에 가득 찬 순결함을 뽐냈습니다. 하지만 국왕에서 고위 성직자에 이르기까지 뒤로는 모두 유대인에게 돈을 빌리지 않으면 전쟁도 치를 수 없는 사회제도가 만들어진 데에 투자은행의 역사적 기원이 있습니다. 그 때문에 산업혁명과 함께 프랑크푸르트의 유대인 게토에서 등장한 로스차일드 가의 5형제가 양동작전이라는 재능을 발휘해서 유럽 전역에 걸쳐 국가와 왕실을 능가하는 재벌을 형성하기에 이른 겁니다.

그 뒤로 그들과 가까운 일족의 환전상(개인은행가)들이 전 세계에 흩어져 서로 제휴를 하며 금, 은, 다이아몬드 거래와 투자은행을 석권하게 됩니다. 이를테면 런던과 파리의 로스차일드 은행을 중심으로 라자르프레르, 햄브로스 은행, SG워버그, 오펜하임 은행, 랑베르 은행, 쿤로브, 리먼브라더스, 골드만삭스, 살로몬브라더스, LF로스차일드 투자증권사…… 이들 기업은 모두 로스차일드 재벌 혹은 그와 가까운 친인척에 의해서 설립되고 운영된 곳입니다. 리먼브라더스 역시 이들 가운데 하나에 지나지 않았습니다.

그러나 이 '특별한 가계에 속한' 유대인들의 싹쓸이를 방불케 하는 금융·산업지배는 19세기부터 20세기에 걸쳐 러시아와 유럽에 불어닥친 유대인 차별과 유대인 학살에 하나의 커다란 빌미

로스차일드 재벌의 금융 계보도

Goldschmidt-R은
Goldschmidt-Rothschild의 줄임

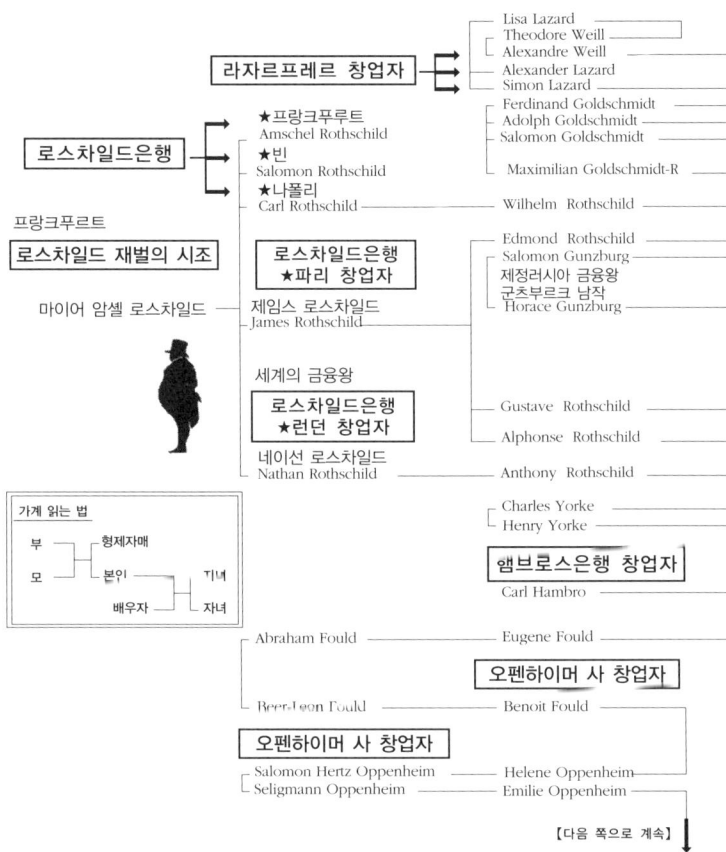

출처 : 〈붉은 방패 : 자본주의 지배계급의 인맥과 역사〉 (1996, 히로세 다카시)

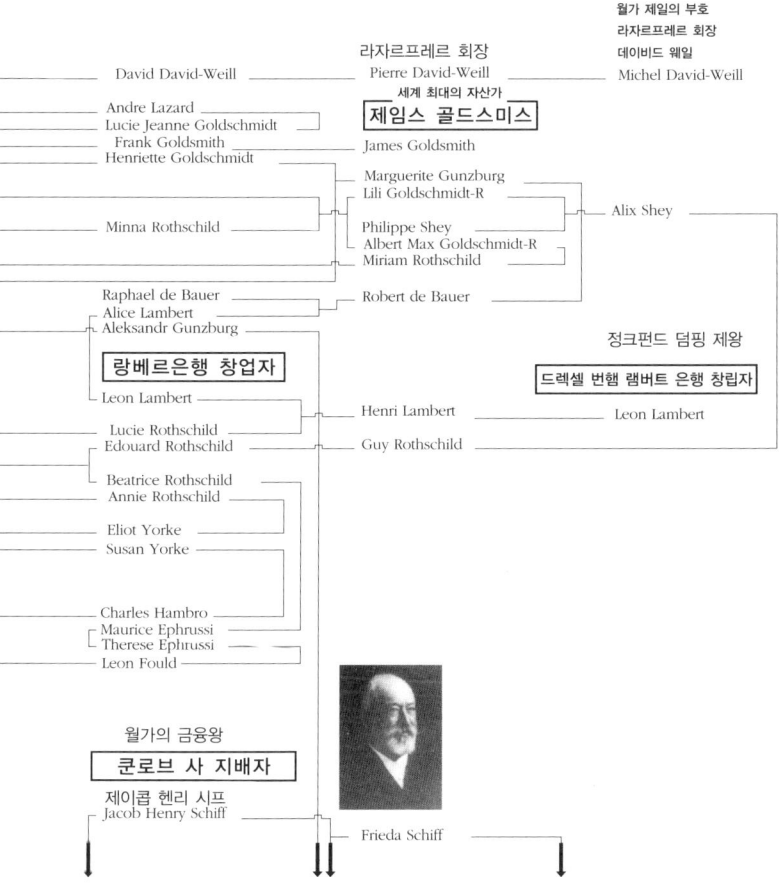

로스차일드 재벌의 금융 계보도【계속】

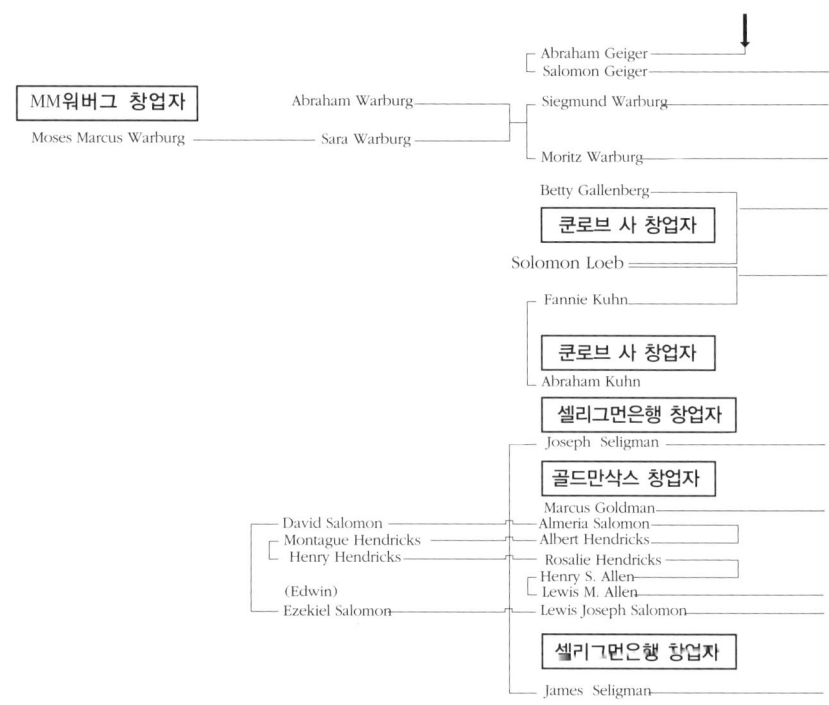
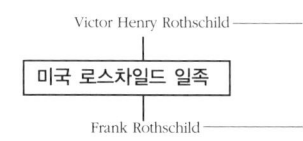

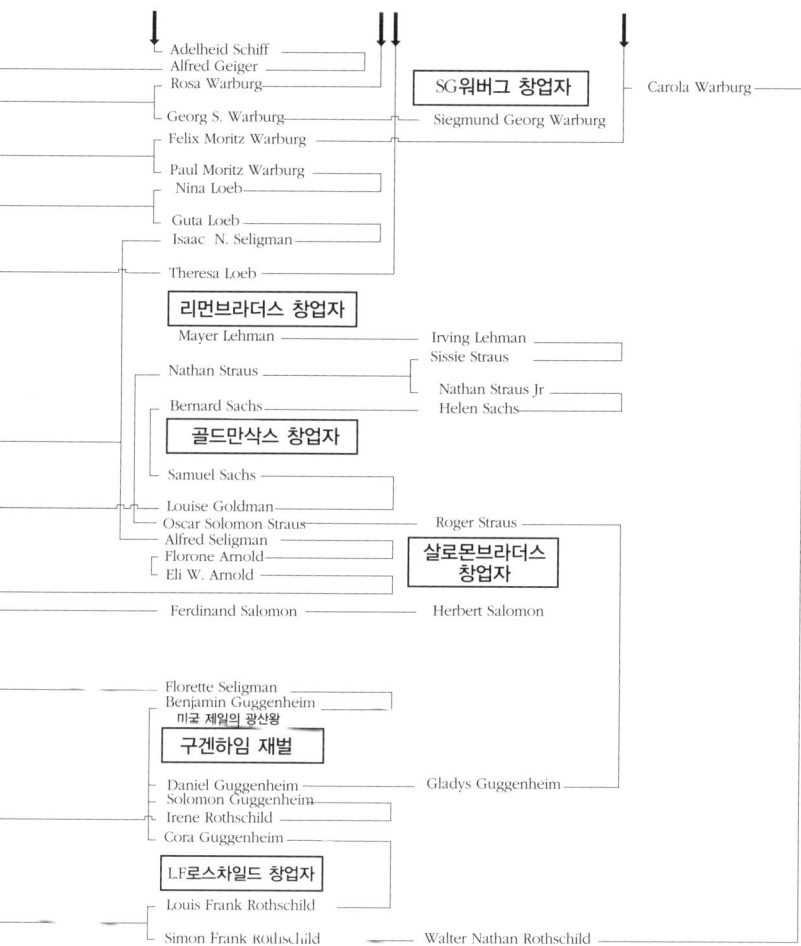

를 제공했습니다. 그리하여 제2차세계대전을 전후로 유대인들이 대거 미국으로 도망치다시피 이주해야 하는 현상이 나타났습니다. 그 결과 그들이 간신히 안주의 땅으로 선택한 뉴욕이 오늘날 금융가의 번영을 가져온 것입니다.

다음 페이지의 계보도에서 알 수 있듯이, 리먼브라더스의 창업자는 골드만삭스의 창업자와 친인척 관계에 있습니다. 그러나 1980년부터 시작되어 오늘날까지 계속되고 있는 국경을 초월한 금융업계 통합(은행과 증권회사의 합병)의 여파는 이 계보도를 새로운 시각으로 바라볼 것을 요구하고 있습니다.

한 가지 예를 들어보죠. 1995년 당시 세계 최대의 증권사인 메릴린치가 런던 로스차일드 은행의 총본산인 스미스 뉴코트를 인수합니다. 보통의 인수합병이라면 로스차일드가 인수됐다고 평가할 수 있습니다만, 실제로는 그 반대입니다. 즉 투자의 세계에서 최고의 실력을 자랑하는 로스차일드 가의 직속 은행이 메릴린치의 가장 중요한 세포로 미국에 발을 내딛은 겁니다. 그래서 로스차일드 일족의 계보도에 등장하는 이전의 세계적인 머천트뱅크 안에 현재 회사명이 사라져 버린 것처럼 보이는 회사는 다음과 같은 별도의 이름을 달고 활동하고 있는 것입니다.

◆ 햄브로스 은행은 프랑스 대형은행 소시에떼 제네럴과 합병

- SG워버그는 스위스 대형은행 UBS와 합병
- 쿤로브 사는 미국 대형은행 시티그룹에 합병
- 살로몬브라더스도 미국 대형은행 시티그룹에 합병

이렇게 해서 대형은행들은 로스차일드계 머천트뱅크의 손을 빌려 투자사업에 본격적으로 뛰어들게 됩니다.

그런데 어느 대형은행의 내부에서도 라이벌 은행과 내통하는 투자가가 있게 마련입니다. 하지만 그들은 기본적으로 이미 중간에서 라이벌 은행끼리 신디케이트를 조직하고 있기 때문에 국제 활동에서 투자 성과를 올릴 수밖에 없는 구조를 만들어 놓았습니다. 그러니 그들이 7대양을 돌아다니며 이것을 하나의 원으로 엮어 투기 행각을 벌이는 것은 지극히 당연한 일일 겁니다. 이것이 바로 그들이 국제 금융마피아로 불리는 이유입니다.

그렇다면 WTO를 기둥으로 하는 세계화는 저들과 구체적으로 어떤 관계에 있는 걸까요? 아무래도 WTO를 실질적으로 기획하고 설립을 부추긴 장본인에게 물어봐야 할 것 같습니다. 클린턴 대통령의 최고경제고문이었던 펠릭스 로하틴이라는 인물이죠.

펠릭스 로하틴은 계보도에 보이는 프랑스계 로스차일드 재벌이 지배하는 라자르프레르의 최고 경영자였습니다. 로하틴보다 앞서 라자르프레르의 경영자 앙드레 마이어가 미국에서 기업 인수합병의 선구자가 되고 레버리지·바이아웃 금융기법을 확립시킨 투자자였기 때문에 라자르프레르는 지금도 M&A업계에서 대단한 위세를 떨치고 있습니다. 한편 펠릭스 로하틴의 아들 니콜라스 로하틴도 아버지 못지 않게 만만찮은 인물입니다. 북미자유무역협정NAFTA에서 막후 실력자로 통하는 투자회사 JP모건의 최고 간부였기 때문입니다.

이들의 손에서 세계화는 본격적으로 확대되었습니다. 이러한 인맥 고리는 앞서 등장한 라자르프레르 계의 투자은행 와서스타인 페렐라에 몸담으며 부를 축적하고 나아가 오바마 대통령 수석보좌관에 취임한 람 엠마뉴엘로 이어집니다.

2008년 10월 각국 수뇌가 국제적인 협력 체제로 이 위기를 극복하자며 한데 모여 약속하고 성명을 발표하면서, 그것으로 안전할 것 같은 모습을 연출하는 꼼수를 부렸습니다.

10월 21일 〈뉴욕타임스〉에 그것을 야유하는 만평이 실렸습니다. www.gocomics.com/tomtoles/2008/10/21 좌측 위에 보이는 비행기(세계경제)가 불이 붙은 채로 추락하는 와중에 저들 정치인들이 손에 손잡고 스카이다이빙하면서 입방정을 떱니다.

"국제협력을 한다는 강렬한 인상을 보여줘야 되지 않겠어?"

그런데 낙하산이 펼쳐져야 무사히 땅에 내려앉을 수 있는 스카이 다이빙에서 엄청난 속도로 급강하하는 다이버의 등에 낙하산이 없습니다. "낙하산 챙기는 거, 아무도 몰랐단 말야?"라는 만평 속 투덜거림은 목숨을 건 급강하의 비극적 성격을 희극의 역설로 보여주고 있습니다.

만평의 예언은 보란 듯이 적중해서 그로부터 1주 뒤인 10월 27일, 전 세계에서 엄청난 주가 대폭락이 일어났습니다. 창백해진 19개국 대표가 11월 15일부터 워싱턴에 모이고, 여기에 EU 대표를 더해 금융정상회담 G20이 열렸습니다.

그런데 공교롭게도 그 전날 〈아사히신문〉에 이들 참가국의 주가 하락률이 실렸습니다. 리먼브라더스 파산을 전후로 한 9월 1일부터 10월 31일까지 길지 않은 2개월간의 수치로, 미쓰비시 리서치 기관의 자료에 따른 그래프입니다. 높은 수치부터 순서대로 열거된 그래프를 봐 주시기 바랍니다. G7 국가 중에서 하락률이 가장 낮은 나라는 금융붕괴의 가장 큰 책임자인 미국과 두 번째 책임자인 영국이었습니다. 가장 큰 책임을 져야 할 자들이 가장 적은 피해를 보았다는 웃기지도 않은 이야기입니다.

G20 국가에 더해 세계 경제의 견인차로 치켜세워진 신흥국 BRICs(브라질, 러시아, 인도, 중국)도 모두 불러들여 모이게 되었지만, 이 4개국도 모두 수가 하락률이 30%를 넘는 대폭락으로 자신들의 별칭마냥 벽돌 *bricks*이 금이 간 것처럼 주식시장이 붕

**2008년 9월 15일 리먼 쇼크전후(9월 1일과 10월 31일)
금융정상회담(2008.11.15)에 참가한 19개국 주가하락률**

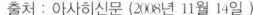
출처 : 아사히신문 (2008년 11월 14일)

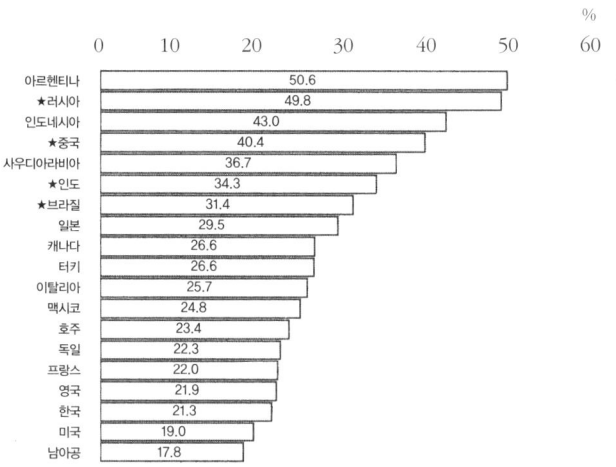

괴되어 엄청난 피해를 본 국가들이었습니다. BRICs로 명명된 이들 나라에서 누가 집중적으로 주식 거래를 했는지, 자금 흐름이 한 눈에 알아보기 쉽게 그래프에 나와 있습니다.

러시아 주가가 50%씩이나 대폭락을 한 것은 원유시장이나 곡물시장에서처럼, 모스크바 시장을 움직인 투자가 집단이 다름아닌 월가에서 온 국제 금융마피아에 속한 투기꾼들이었기 때문입니다. 2007년부터 모스크바의 비즈니스 센터 거리에서 요란을 떨면서 짓기 시작한 러시아 타워는 높이가 600미터가 넘는 유럽에서 가장 높은 초고층 빌딩으로 2012년 완공 예정이었습니다만, 러시아의 금융붕괴 탓에 2008년 11월 하순 갑자기 건설이 중단됩니다. 러시아의 초고층 건물이 신기루처럼 사라져 버린 거죠.

유가폭락은 반드시 일어나기 마련이어서 그날의 도래는 어느 정도 예측되었습니다만, 거기에다 일찍부터 예측된 것 가운데 하나는 언제쯤 연극이 끝날지를 예감케 하는 중국의 경제위기였습니다. 2008년 8월 베이징 올림픽 개막식으로 중국 전역이 후끈 달아오르면서 올림픽 스타디움에서 불꽃이 성대하게 타오를 때 중국 시장에는 이미 대폭락이 엄습하고 있었습니다. 국제 금융마피아가 배회하는 홍콩 시장에서는 그보다 조금 전인 2007년 말부터 항생주가지수가 급락하고 있었던 것입니다. 리먼 쇼크 후까지 본다면 최고치에서 65%나 하락했습니다. 그때부터 국제 금융마피아가 부지런히 움직이기 시작했던 겁니다.

상하이 시장은 중국인의 직접투자가 이뤄진다는 점에서 홍콩보다 심각합니다. 2007년 말부터 급락해서 그 해 10월 16일부터 2008년 리먼 사태 후까지 대략 1년 사이에 실제로 최고치에서 72%나 폭락해서 7년간 국민이 투자한 자금이 날아가버리고 말았습니다. 중국은 경제성장률에만 집중했습니다만, 그 성상에 편승해서 올림픽이 열리고, 대량의 자원을 매입해서 미국에 값싼 상

2000~2008년 홍콩 항셍주가지수

2000~2008년 상하이 SSEC 주가

품이 수출되고, 그 바람에 생겨난 벼락부자들은 주식투자에 시간 가는 줄 몰랐기 때문에 이 쇼크는 중국 내에 심각한 충격을 불러왔습니다. 1억 3천만 명에 달하는 농민공(농촌을 떠나 도시에서 일하는 하층 이주노동자 - 옮긴이)의 생활을 지탱하는 직장 고용률은 공업개발과 도시개발에 몰두하는 정부에 토지를 빼앗긴 본래 농민이었던 이들의 행방을 생각하면 큰 불안감을 느끼게 합니다.

이런 각국의 국내사정에서 눈을 돌려 세계를 보면, 금융정상회담에 참가한 19개국은 전 세계 GDP의 78%를 점하고 있습니다. 여기에 EU 가맹국을 더하면 89%로 거의 90%에 가깝습니다. 이것이 애당초 실수라는 생각이 들지 않습니까? 나머지 1백 수십 개 국에서 얼마 되지 않는 10%를 빼앗아 버리는 것이 세계화라는 것입니까? 그러고선 금융정상회담에 참가한 각국 수장들과 국제기구는 한결같이 전 세계 빈곤타파와 기아구제를 이야기합니다. 이런 말장난 같은 박애주의로 도대체 무엇이 해결될 수 있을까요?

하지만 뭐니뭐니해도 가장 믿을 수 없는 것은 매스미디어가 취재하는 미국 증권거래위원회, 신용평가회사, 대형 회계법인, 경제전문가 등 국제 금융마피아의 대변자들입니다. 그런 이들을 취재하는 매스미디어는 황당하기 그지없는 보도를 계속할 수밖에 없습니다. 그래서 차라리 만평을 보는 편이 미국 경제를 백배나 더 잘 알 수 있다고 얘기하는 것입니다.

미국과 유럽의 선진국에서는 리먼 사태 이후 국민에게서 징수한 막대한 세금을 금융계에 투자하며 구제의 손길을 뻗쳤습니다. 미국 정부는 금융붕괴의 진흙에서 빠져나오기 위해 웬만한 나라의 몇 년간 예산에 해당하는 700조 원을 통째로 국제자금으로 준비해서 그 가운데 200조 원을 은행 등의 금융기관에 조달한다는 결정을 내렸습니다. 그것에 대해서 일본의 매스미디어는, 유럽 수뇌는 움직임이 신속했다거나 어느 나라가 가장 재빠르게 대응했다거나 하는 식으로 말도 안 되고 해설 같지도 않은 엉뚱한 말만 계속해서 늘어놓고 있습니다. 하지만 기백 조 달러, 기천 조 달러 자금을 금융계에 쏟아부어도 세계의 금융위기는 사라지지 않습니다. 복지에 사용해도 모자랄 국민의 혈세로 금융 범죄자들을 궁지에서 구해내어 오히려 금융부패를 더욱더 보증할 뿐이기 때문입니다.

금융기관에 대한 모든 지원금은 사람들 눈이 닿지 않는 뒷문에서 흘러 들어갑니다. 그러면 투기꾼들은 땀 한 방울 흘리지 않고 손에 넣은 돈다발을 부지런히 트럭에 쌓아 자신들의 은밀한 장소로 운반합니다. 금융부패의 대표자 격인 헤지펀드 운영자 버나드 메이도프가 세계 금융붕괴로 공황상태에 빠진 2008년 12월 미국에서 체포된 사상 최대의 개인 사기사건이 그 점을 상징적으로 보여주고 있습니다. 나스닥 회장을 역임한 메이도프 본인이 곧 사기 도사였던 것입니다.

이자는 다단계로 막대한 투자자금을 모았는데, 그로부터 받은 피해규모는 그가 체포될 당시 500억 달러(50조 원)에 달했습니다. 메이도프의 형제나 자식들이 줄줄이 그의 동족회사에 종사했고, 피해자 가운데 한 사람은 자살하기까지 했는데도 정작 메이도프 본인은 보석금을 내고 유유히 출감했습니다. 이 사건으로 피해를 입은 금융기관은 네덜란드의 포르티스 은행을 시작으로 유럽의 대은행이 즐비했는데, 이들 은행들이야말로 각국 정부가 서민의 세금으로 구제하려고 한 금융기관이었습니다.

이 사건에서 주목해야 할 것은 세계 부호들의 은닉 재산을 운용하는 스위스의 투자은행 유니온 방크 프리베가 사기 도사 메이도프와 벌인 엄청난 거래입니다. 왜냐하면 이 은행은 2008년 시점으로 과기 이스라엘은행 총재인 제이콥 프렌켈이 중역으로 있으면서 개인투자 관리를 해서 자산가의 예금액으로는 세계 최대, 헤지펀드로는 세계 2위를 기록한 투자은행이기 때문입니다. 이 사실은 결국 어마어마한 '로스차일드계 유대인' 금융 네트워크가 거기에 도사리고 있음을 직시하게 합니다. 상업용 부동산 투자펀드인 보스턴프로퍼티의 회장으로 〈US뉴스앤월드리포드〉와 〈뉴욕 데일리뉴스〉를 소유해 미국 미디어계의 왕자로 불리는 극우

성향의 모티머 주커만이나 영화감독 스티븐 스필버그도 이 사기도사 메이도프와 남다른 관계를 맺고 있었습니다.

현재의 금융시스템이 지니고 있는 투기 부패의 구조를 근절하지 않는 한 앞으로도 금융범죄에 따른 빈곤은 지구상에서 사라지지 않을 겁니다. 세계 각국의 정치인들이 지금 진행하고 있는 것은 도둑을 맞고도 도둑에게 가욋돈을 주는 식의 손해만 보는 짓을 계속하는 것에 지나지 않습니다.

닛케이 BP사의 'BP net'에 미국 산업계의 실정을 여실히 보여주는 그래프가 있습니다. 미국의 GDP 가운데 가장 높은 비율을 차지하는 부문은 정부기관을 제외하면 금융·보험·부동산 업계로서, 그 비율은 20.9%로 전체의 5분의 1이 넘는 수준입니다. 게다가 금융업계 종사자는 수년 전 제가 조사했을 때에도 몇 퍼센트 안 되었기 때문에 1인당 연평균 소득은 엄청나리라 봅니다. 그런데 이 금융·보험·부동산 업계가 합쳐서 한꺼번에 파산하여 오늘날 모든 경제를 붕괴시켜 버린 장본인이었습니다. 그 대표가 바로 리먼브라더스, 시티그룹, AIG, 패니메이, 프레디맥 등이었던 것입니다.

그에 비해 제조업이 차지하는 GDP는 모두 합해도 전체의 13.6% 밖에 되지 않습니다. 미국인이 물건을 만들어 벌어들인

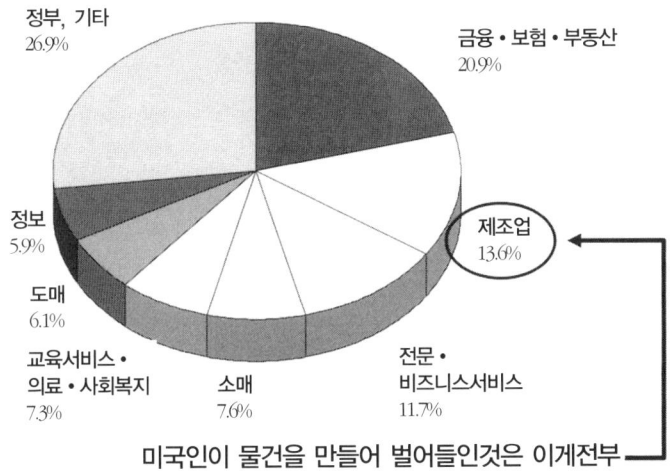

것은 이게 전부였습니다.

헤지펀드는 모든 것을 알고 있다

얄궂게도, 지금까지 언급한 사태에 대해 가장 빨리 눈치채고 가장 잘 이해하고 있는 자들은 헤지펀드를 위시해 월가를 배회하는 교활한 금융범죄자들입니다.

가히 인간으로서의 양심이 마비된 철면피와 같은 이들이 리먼 브라더스 파산 후 갖가지 보유분을 시장에 내다팔고 떠났기 때문에 원유시장과 곡물시장 그리고 세계 각국의 주식시장이 대폭락했던 것입니다. 〈워싱턴포스트〉지에 뒷마당에 구멍을 파서 부지런히 돈뭉치를 묻고 있는 헤지펀드를 그린 만평이 실렸는데요, 그것이 바로 정답입니다. 막대한 부를 쓸어 담은 이들은 잠깐 숨을 고르고 비난의 소리가 잦아들기를 기다리다가 다음 기회가 오면 또다시 새로운 버블을 향해 움직입니다. 이러한 그들의 움직임이 말할 필요도 없이 다음 주가 상승의 직접적인 원인이 될 것입니다.

하지만 이번 거품 붕괴는 그렇게는 되지 않을 것이라는 해괴망측하게 희망적인 가설도 등장했습니다. 이 가설에 대한 설명은 잠시 후에 하기로 하고 그 전에 다른 얘기를 하나 들려드리겠습니다.

미국에서는 투기꾼과 다를 바 없는 스와프 딜러나 상품지수 거래자의 행동을 규제하는 국가조직이 있습니다. 대통령이 임명하는 상품선물거래위원회CFTC가 그것으로, 이 조직이 확실하게 규제를 실시했다면 이 정도의 부패는 발생하지 않았을 것입니다. 그런데 2009년 현재 이 위원장 자리에 있는 월터 루켄은 로버트 루빈이 주도한 글래스-스티걸 법 철폐와 보조를 맞춰 9년 전인

2000년에 투기규제를 완화하는 '상품선물근대화법'이라는 악법을 만들어 낸 장본인이었습니다.

이런 인물을 위원장에 임명한 배후를 추적하면 리처드 루가라는 문제의 의원이 수면 위로 떠오릅니다. 본래 곡물 및 축산업 사업가 출신으로 1970년대 미국의 곡창지대인 인디애나 주 상원의원이 된 리처드 루가는 그 후 같은 주의 하원의원이 된 댄 퀘일과 한패가 되어 공화당 정계에서 무시못할 발언권을 가지게 됩니다. 퀘일은 앞서 등장했듯이, 상원의원을 거친 후 부통령이 되어 미국과 소련의 평화교섭을 지속적으로 방해한 인물로 2009년 현재 기업사냥이 주업인 사모펀드 서베러스의 국제투자부문 수장입니다. 이 루가가 상원농업위원회의 위원장이 되어 루켄을 키우고 루켄은 후에 상품선물거래위원회 위원장 자리에 오릅니다.

리처드 루가는 이라크 후세인 정권 타도를 외친 강경파의 리더가 되고, 상원외교위원장이라는 권좌에서 이라크와 북한의 위협에 대해 계속해서 선동하는 한편, 팔레스타인에 미군을 파견해야 한다며 미국의 이라크 점령 기한 연장을 지속적으로 주장한 파시스트와 다를 바 없는 인물입니다. 부시 대통령과 성격이 판박이였음은 물론 그의 그림자와 같았던 인물이죠.

이런 인맥의 손아귀에서 투기꾼을 방임하는 본산인 상품선물거래위원회가 운영되었기 때문에, 가장 먼저 이 분야의 일대 개혁을 진행하지 않으면 미국을 회생시킬 방도도 나아가 세계를 구할 길도 없는 것입니다.

헤지펀드 자금의 상당 부분은 연기금이나 다양한 사회활동을 지원하는 조직의 기금에서 조달되기 때문에 일반 대중이 입은 손해는 실로 어마어마합니다. 이들 금융 범죄자들은 대부분이 카리브해 인근에 자리한 조세피난처를 본거지로 활동하고 있어 그 자산규모가 얼마나 거대한지 어느 나라 정부도 그 실태를 알지 못하는 구조입니다. 미국이나 유럽의 금융마피아가 정계와 미디어 업계 내부에서부터 움직이며 그 실태를 알 수 없게끔 가로막기 때문입니다.

자, 이런 상황에서 앞서 말한 단 하나의 새로운 희망적 가설이라고 할 수 있는 것은 다음과 같습니다. 즉, 이들 헤지펀드가 이번 금융붕괴에서 처음으로 막대한 손실을 입은 것은 아닌가 하는 점입니다. 그 원인은 과도한 부채와 그것을 확대시킨 레버리지 때문이라는 것입니다.

지폐나 주식은 어디까지나 종이 인쇄물에 지나지 않습니다. 과거 금본위 체제처럼 무조건 금으로 뒤를 받치는 것이 아닙니다. 그들이 팔아 치우면서 거둔 막대한 이익도 그 밑천이 된 자금이 빌린 돈이라면 장부에서 모두 마이너스 쪽으로 옮겨지고, 자칫 헤지펀드는 레버리지가 만든 막대한 부채에 쫓기게 될 것이라는 이야기인 셈이죠. 그러나 2008년 말 전 미국이 최악의 경제 상태에 빠졌으면서도 2009년 초 주가가 9000달러를 회복한 변화를 보면 예상대로 일부 자본가들이 아직껏 거대한 자산을 쥐고 있다고 밖에 생각할 수 없습니다. 그 문제에 가장 큰 해결의 실마리를 제공한 인물이 바로 조지 소로스입니다.

G20 금융정상회담이 열리기 이틀 전인 2008년 11월 13일에 하원 공청회가 열렸습니다. 그곳에 헤지펀드를 대표하는 이들 가운데 하나인 조지 소로스가 출석합니다.

그는 헤지펀드가 오늘날 금융붕괴에 미친 영향 등에 관해서 증언하고, 자신이 서브프라임론 붕괴로 막대한 이익을 얻은 능력에 못지않은 유려한 말솜씨를 구사하면서 금융 시스템을 비판하는 지론을 펼쳤습니다. 그 발언을 소개하기에 앞서, 너무나도 유명한 인사인 조지 소로스의 이력을 간단하게나마 소개하겠습니다.

검은 목요일이 월가를 붕괴시킨 이듬해인 1930년에 헝가리 부다페스트에서 유대인의 아들로 태어난 소로스는 나치스가 지배하던 유럽에서 공포의 소년기를 보냅니다. 그 후 전쟁이 끝난 1947년에 청년 소로스는 영국으로 이주하고, 런던에서 경제학을 배운 그는 1956년에 미국으로 건너갑니다. 1963년 소로스는 프랑크푸르트 로스차일드 은행의 대리점으로 유명한 블라이흐뢰더

사에 들어갑니다. 그 후 스스로 펀드 사업에 나서기 위해 재정기반이 되는 국제 펀드 비즈니스를 개시하고 그 거점을 런던, 취리히, 큐라소(카리브해의 조세피난처) 등에 두면서 일약 '세계 최고의 펀드매니저'라는 별명을 얻기에 이릅니다.

미국에서 두각을 나타낸 후 로스차일드 가와 협력하여 사업을 성장시켜 나갔던 소로스는 투자로 이익을 얻는 국제적 메커니즘을 완벽하게 이해하고 있다는 점에서는 예사로운 투기꾼이 아니라 차라리 지혜로운 철학자라고 해도 될 법합니다. 대학에서 학문으로서의 이론적인 경제학만을 수강한 FRB 의장 버냉키 같은 인물은 소로스가 볼 때 아는 것이라고는 눈곱만큼도 없는 어린애 같은 존재에 불과할 겁니다.

1980년대부터 마이클 데이비드 웨일과 더불어 월가 수입 랭킹 1위 자리를 다투는 거물이 된 소로스는 1992년 영국의 파운드 판매글 사주해서 잉글랜드은행을 위기에 빠뜨리는가 싶더니, 1993년엔 궁지에 몰린 러시아의 옐친 대통령에게 1억 달러를 기부하여 금융계를 깜짝 놀라게 만들기도 했습니다.

소로스의 헤지펀드가 국제적으로 비난을 받았던 시기는, 1997년 타이의 바트화를 단번에 팔아 치워 통화 가치를 폭락시키고 바트화를 교환 정지까지 몰고 갔을 때입니다. 그 결과 말레이시아의 링깃, 인도네시아의 루피아, 필리핀의 페소, 싱가폴의 달러,

죠지 소로스

한국의 원화가 연쇄적으로 폭락하여 아시아 전역에서 경제가 붕괴되는 사태가 벌어졌습니다. 1997년 일본 홋카이도 다쿠쇼쿠 은행과 야마이치 증권이 연속으로 파산하고 일본 경제가 공황 상태에 빠진 것도 결코 오래 전 일이 아닙니다. 결국 2002년 파리 재판소는 부당내부거래 혐의를 산 소로스에게 유죄판결을 내렸고 결국 그는 거액의 벌금을 물었습니다. 그 무렵부터 소로스는 미국의 정치와 민주주의의 위기를 설파하면서 정치 활동을 시작했는데, 조지 부시 대통령을 나치스에 비유하고 그를 위험한 인물이라며 맹렬하게 공격했습니다. 특히 부시가 재선된 2004년에는 위기감을 느끼고 장남 로버트 소로스에게 펀드 경영권을 맡기고 오로지 부시 정권 타도를 위해 사재를 털어 미국 전역에서 캠페인 활동을 벌이는 데 온 정력을 쏟아 부었습니다.

그런데 2007년 서브프라임론 붕괴가 시작되자, 소로스는 은퇴 결정을 번복하며 업계에 복귀하고 시장의 움직임을 정확히게 간파해 곧바로 3조 원 가량을 벌어들이며 헤지펀드 부호 순위 2위에 곧바로 오릅니다. 그리고 그해 여름 '미국 경제가 경기 후퇴에 들어서고 있다'고 예측한 그는 이내 소로스 펀드의 투자처를 바꿔 32%의 수익률을 거두며 40억 달러를 벌어들입니다. 그런 다음 2008년 초 소로스는 새로운 책을 펴내어 '금융붕괴는 막 시작되었다'고 경고하고 주택 버블을 불러 온 부시 정권과 금융감독관을 통렬하게 비판했습니다. 제목은 《금융시장을 위한 새로운 패러다임: 2008년 신용위기와 그것이 의미하는 것》으로, 이 책에서 그는 지금까지의 금융시장을 고찰하는 방법을 바꾸지 않으면 안 된다고 강하게 주장했습니다.

소로스가 달러가 가까운 시일 안에 세계 기축통화의 지위를 잃어버리고 자금조달에 고통 받는 시대가 올 것이라고 경고했습니다만, 정부 경제담당자나 경제학자들은 헤지펀드의 우두머리가 말했다는 이유로 머리가 전혀 돌아가지 않는지 귀를 닫고 그 경고를 무시해 버렸습니다. 그런데 서브프라임론 붕괴에서 시작된 사태를 '내 생애 가장 큰 경제위기인 슈퍼 버블'이라고 칭했던 소로스가 마침내 11월에 의회의 공청회에 불려 나오게 되었습니다.

이자는 언제나 그렇습니다만, 본인이 저지른 범죄행위만 쏙 빼놓고는, 사태에 대해 항상 '옳은 것'을 정확하고도 솔직하게 말하는 인물입니다. 이를테면 "자본주의는 붕괴하고 있다", "금융 세계화는 틀렸다", "부시는 나치스다" 같은 식의 말을 입 밖으로 내뱉습니다. 소로스가 의회에서 길게 증언한 내용을 나중에 읽고 놀랐습니다만, 그의 주장은 대단히 흥미롭고 본서의 범위에서도 벗어나지 않기 때문에 그 증언의 일부를 소개할까 합니다.

"2006년에 이미 주택가격이 정점에 달한 것이 분명해졌다. FRB는 서브프라임론의 손실이 적다고 오판했다. 하지만 이 손실은 자체로 한정되지 않고 엄청난 크기의 빚으로 불어나는 시장이다. 당국의 수습책은 뒷북에 불과했다."

"미국이 많은 투표권을 행사하고 있는 IMF는 빈곤국을 구하기에 충분하지 않다."

"이제 경기후퇴는 피할 수 없게 되었다. 1930년대 이래 최악의 금융위기에 직면하고 있는 것이다. 이 위기를 진정시키려면 현재의 시장을 바꾸는 수밖에 없다. 경제지표는 시장의 움직임을 정확하게 반영하고 있지 않다. 이것이 실수의 근원이다. 경제지표가 시장의 움직임과 차이가 나기 때문에 터무니없는 위기를 맞이하고는 손쓸 도리가 없게 돼 버린 것이다."

"경제의 상승 붐과 붕괴의 고전적인 패턴은 비대칭이다. 경제의 상승 붐은 서서히 시작해서 점차 속도를 더해 가지만 붕괴는 짧은 시간에 급격하게 일어난다."

"부동산 거품이 일어난 것은, 돈을 빌리고 싶다는 대중의 욕망이 커져 주택가격 상승에 대한 기대치가 높아졌기 때문이다. 그러나 한편으론 부동산 가치가 돈을 빌리고 싶다는 대중의 의지와 전혀 관련이 없다는 것을 알아차리지 못해서 그로 인해 부동산 거품이 일어난 것이다."

"이것을 잘못 판단한 책임은 FRB와 재무성과 SEC에 있다. 그린스펀이 틀렸던 것이다. 그럼에도 FRB, 재무성, SEC 등 규제당국은 아무런 책임 표명도 하지 않고 있다."

"이것은 지금까지와는 다른 슈퍼 버블이다. 세계화가 금융자본을 방임한 것이다. 각국이 여기에 과세도 매길 수 없고 규제도 할 수 없는 괴물이 된 것이다. 미국의 금융 부문은 주식시장 시가 총액의 25%를 점하고 그 밖의 나라에서는 좀 더 그 비율이 높다. 신용파산 스와프는 외관상 50조 달러(5경 원)를 넘는 데까지 증가했는데, 그에 대한 규제는 전혀 없다. AIG는 이것을 보험으로 팔았다. 그 때문에 정부가 막대한 돈으로 그 손실을 메우는 꼴이다."

소로스는 이처럼 호탕한 발언을 내뱉었습니다. 사실은 이자야말로 이번 금융붕괴로 가장 많은 이득을 본 자이니만큼 그의 발언은 과히 틀리지 않을 겁니다.

어쨌든 뉴욕증권거래소의 주가는 계속 떨어져, 2009년 3월 2일 7000선이 무너지고 본격적인 위기로 돌입합니다. AIG에 대한 미국정부의 지원액은 1800억 달러(180조 원)로 확대되고 5일에는 AIG 주가가 35센트까지 급락하고 파생상품의 주가도 1달러 2센트까지 떨어지고, 그 이튿날 GM 주식도 1달러 27센트로 떨어지고 맙니다. 경제붕괴는 점점 더 가속이 붙어 맹렬한 기세로 바닥 모를 늪으로 빠져 들고 있는 듯합니다.

미국 측의 해석으로는 진짜 경제위기는 지금부터 벌어진다고 보는 견해가 유력한데, 그 가운데서도 실업률의 급격한 증가가 멈추지 않는 것이 가장 큰 위기입니다. 2007년 말과 대비해서 겨우 14개월 동안 500만 명 가까이가 직업을 잃고 실업률이 10%에 근접하게 된 이번 사태는 매우 심각합니다. 어느새 초강대국 미국의 모습은 온데간데없고, '오바마가 공약한 변화'를 바라는 서민의 안타까운 소원은 '신흥종교'라는 낯익은 풍경만을 보여주고 있습니다.

| 맺는 글 |

지금으로부터 반세기를 거슬러 올라가는 1955년 4월 18일부터 24일까지 아시아, 아프리카 회의가 인도네시아 반둥에서 열렸습니다.

반둥회의라고 불리는 이 역사적인 만남은 인도네시아 수카르노 대통령의 제안에 응하여 중국의 저우언라이, 인도의 네루 수상, 이집트의 나세르 대통령, 베트남 지도자 호치민 등 아시아·아프리카 29개 개발도상국이 모여 결속을 맹세한 회담입니다. 당시 가난했던 일본도 이 모임에 참석했습니다. 이것이 바탕이 되어 1961년, 미국도 소련도 모두 배제한 '비동맹국가'가 결성되었습니다. 주최국 수카르노 대통령이 반둥회의의 개회연설에서 다음과 같이 말했습니다.

"식민지주의는 죽지 않는다. 아시아와 아프리카의 광대한 면적에서 자유가 박탈되고 있는데, 어떻게 식민지가 없다는 말을 할 수 있는가. 식민지주의를, 인도네시아나 아시아 · 아프리카에서 예전에 경험했던 일로 생각해서는 안 된다. 식민지주의는 바야흐로 현대적인 포장을 하고 있다. 경제적인 지배가 그것이다. 그것은 또한 지적인 지배다. 국가의 내부에 있는 극히 소수의 이방인이 사실상 물리적인 지배력을 행사한다. 그들은 교묘하지만 명백한 적으로 여러 가지 모습을 띠고 나타난다. 그들은 그렇게 간단하게 이권을 버리는 자들이 아니다."

반세기 전에 수카르노가 한 말은, 리먼 사태로 충격을 받은 지구와 인류의 경제 원리를 일찍이 예견하여 날카롭게 경고한 깊은 뜻이 담긴 명언입니다. 이 말의 진의를 이해할 수 있는가 그렇지 않은가에 인류의 미래가 달려있습니다.

그러나 이대로라면 지구는 최후의 대재앙에 돌입할 것입니다. 피해를 당하는 자는 타이타닉호의 3등칸 승객인 우리들입니다. 그리고 우리 부모들 가슴에 안긴 천진난만한 아기들입니다. 하다못해 우리 자식들을 살리기 위해서라도 우리는 부패에 정면으로 맞서지 않으면 안 됩니다.

끝까지 읽어주셔서 감사합니다.